FARBE IM RAUM

BIGI
Secco
1984

Farbe im Raum

Annie Sloan und Kate Gwynn

Gerstenberg Verlag

Für unsere Väter

Aus dem Englischen übersetzt von Manfred Kottmann

Die Deutsche Bibliothek – CIP-Einheitsaufnahme
Farbe im Raum / Annie Sloan und Kate Gwynn. [Aus dem
Engl. übers. von Manfred Kottmann]. –
2. Aufl. – Hildesheim : Gerstenberg, 1998
Einheitssacht.: Colour in decoration <dt.>
ISBN 3-8067-2813-5
NE: Sloan, Annie; Gwynn, Kate; Kottmann, Manfred [Übers.]; EST

2. Auflage 1998
Die Originalausgabe erschien 1990 unter dem Titel *Colour in Decoration* bei
Frances Lincoln Limited, 4 Torriano Mews, Torriano Avenue, London NW5 2RZ.

Satz: Dörlemann Satz, Lemförde
Printed in Hong Kong
ISBN 3-8067-2813-5

INHALT

EINFÜHRUNG

Die Farbpalette, die uns heute zur Verfügung steht, ist so umfangreich wie nie zuvor. Jede Farbe ist erhältlich, jede Kombination möglich. Dies ist das Ergebnis einer schrittweisen Entwicklung. Ursprünglich verwendeten die Menschen nur die Farbmittel aus ihrer näheren Umgebung. Die Rot- oder Gelbtöne hingen entscheidend von den Pigmenten ab, die ihnen die Erde bot. Zu den Farben aus den Erdpigmenten und Pflanzenfarbstoffen, die am Ort vorhanden waren, kamen durch Reisende, über neueröffnete Handelsstraßen und durch den technischen Fortschritt neue hinzu. So bereicherte z.B. im Mittelalter die Eröffnung der Handelswege in den Fernen Osten die europäische Farbpalette um neue Pigmente wie Indigo und kamen durch die Entwicklung neuer Farbstoffe auf der Basis von Anilin Mitte des 19. Jahrhunderts das grelle Magenta und Giftgrün dazu. Nach dem Ersten Weltkrieg hellte Titandioxid das Weiß erheblich auf und machte es lichtbeständiger, wodurch die Malfarben eine nie dagewesene, makellose Leuchtkraft erhielten.

Je umfangreicher die Palette wurde, desto mehr experimentierte man mit den Farben. Reisen, Handel und Eroberungen eröffneten den Zugang zu neuen Farbwelten: Die der Azteken und der Inkas lernte Europa durch die spanischen Konquistadoren kennen; als sich China im 18. Jahrhundert dem Welthandel öffnete, sah sich das europäische Handwerk und Gewerbe mit neuen Farbqualitäten konfrontiert; der zur selben Zeit aufkommende Tourismus machte die Reisenden in Rom, Griechenland und Ägypten mit den Farben der Antike bekannt; Architekten, wie der Engländer Robert Adam und der Deutsche Karl Friedrich Schinkel, ließen sich durch die antiken Vorbilder zu unerhört neuen Kombinationen leuchtender, klarer Rosa-, Blau-, Violett- und Grüntöne inspirieren.

Reiseeindrücke regen auch heute noch zur Erprobung neuer Farbkombinationen an. Doch »importierte« Farbideen sind nur erfolgreich umzusetzen, wenn man sie sorgfältig den lokalen Gegebenheiten anpaßt. Wenn jemand seine Pariser Wohnung nach dem Vorbild der grellbunten Räume eines mexikanischen Hauses einrichtet, wird der Gesamteindruck sowohl von dem für Mitteleuropa typischen Licht abhängen als auch von der Architektur des Hauses und dem Stil der Möbel.

Licht spielt überhaupt eine große Rolle. In warmen Klimazonen ziehen die Menschen reine Farben vor, die im intensiven, hellen Licht kraftvoll und gut aussehen. In gemäßigtem Klima werden die Pigmente eher gemischt, um gedämpftere, weichere Farben zu erzielen. Leuchtende Farben können in sonnenarmen Gegenden grell, die stumpfen Farben der Wollstoffe, die so gut nach Schottland passen, in den Tropen trübe und langweilig wirken.

Die Wahl der Farben ist eine ausgesprochen individuelle Angelegenheit. Was der eine als zart und fein empfindet, kann ein anderer als fad und trist erleben. Oder jemand bezeichnet eine Farbe als fröhlich, die ein anderer als grell abtut. Außerdem hat dieselbe Farbe vor verschiedenen Hintergründen unterschiedliche Wirkungen: Das eine Mal paßt sie hervorragend, das andere Mal wirkt sie abstoßend.

Ausgangspunkt für die Wahl der Farben kann sehr wohl das eigene Farbempfinden sein; letzten Endes ist es das entscheidende Kriterium zur Beurteilung einer Farbzusammenstellung. Was Farben und Farbkombinationen in uns auslösen, hat tiefgreifende Auswirkungen auf unsere Stimmung und unser Wohlbefinden. Der klügste Expertenrat und die einleuchtendste Farbtheorie nützen nichts, wenn man selbst mit dem Ergebnis nicht glücklich ist.

Denken Sie z.B. an Ihr bevorzugtes Blau. Vielleicht ist es für Sie die kräftig leuchtende Glasur eines Keramikgefäßes oder die Farbe des Himmels über einem stürmischen Meer

Seite 6 Die zarten, leuchtenden Rosa-, Grün- und Blautöne, die Schinkel für Schloß Charlottenhof in Potsdam wählte, erregten in den späten 1820er Jahren großes Aufsehen.

oder die zarte, helle Schale eines Vogeleis oder die Textur eines verwaschenen Jeansstoffes. Sie empfinden jedenfalls den Anblick bestimmter Dinge als angenehm. Und Sie reagieren dann nicht anders als ein Künstler bei der Wahl seiner Farben: Sie möchten diese oder jene Farbe verwenden. Wenn Sie sich einer besonderen Beziehung zu einer Farbe bewußt sind, erfreuen Sie sich an ihr. Aber machen Sie sich auch klar, welche ihrer Eigenschaften, wie Buntheit, Tiefe usw., Ihnen besonders gut gefallen, und denken Sie immer daran, sooft Sie mit dieser Farbe experimentieren. Vielleicht suchen Sie bestimmte Farben und deren Kombinationsmöglichkeiten, die Sie vom Muster eines geliebten Stoffes, von den Farben eines einstigen Lieblingsspielzeugs, einer Buchillustration, eines Museumsexponats oder von einer Landschaft kennen, in der Sie einen besonders schönen Urlaub verbracht haben. In diesem Fall besitzen Sie bereits den Grundstock der gesuchten Farbzusammenstellung, Ihres Farbschemas.

Farben, die unangenehme Erinnerungen auslösen, lehnen wir ab. Man sollte sich seine eigenen Vorlieben und Abneigungen Farben gegenüber klarmachen, weil die Gefahr besteht, daß sie den ausgeklügelten Theorien der Experten zuwiderlaufen. Man muß wissen, daß beides eine Rolle spielt: Entscheidungen »aus dem Bauch heraus« und die objektive (und spannende!) Analyse des »Verhaltens« einer Farbe je nach Kombination und Kontext.

DER FARBKREIS

Schon lange werden mit Hilfe des Farbkreises die Spektralfarben dargestellt und ihre Beziehungen untereinander verdeutlicht. Licht besteht aus verschieden langen Wellen, denen die sechs Farben des Regenbogens entsprechen. Hier sind sie in derselben Reihenfolge wie im Regenbogen angeordnet, schließen sich aber zu einem Kreis. Aus praktischen Gründen besteht unser Farbkreis aus zwölf deutlich voneinander geschiedenen Farben, während der Regenbogen ein Farbkontinuum bildet, in dem jede Farbe in feinsten Abstufungen in ihre Nachbarfarben übergeht. Der Farbkreis eignet sich hervorragend zur Veranschaulichung des Verhältnisses, in dem Farben zueinander stehen können:

Komplementärfarben liegen sich auf dem Farbkreis genau gegenüber: Rot und Grün, Blau und Orange, Rotviolett und Gelbgrün usw. Sie sind sich am unähnlichsten, bilden also (paarweise) die stärksten Kontraste und setzen beim Aufeinandertreffen lebhafte optische Akzente, die im Abschnitt »Das Verhalten der Farben« weiter unten beschrieben werden.

Harmonierende Farben Farben, wie z. B. Blauviolett, Violett und Rotviolett, die zwischen den Primärfarben liegen, tendieren mehr zu der Sekundärfarbe innerhalb dieses Sektors (in diesem Falle Violett) und harmonieren untereinander besser als solche Abschnitte des Kreises, die eine Primärfarbe einschließen. Der Blick wandert von der einen zur anderen, ohne daß plötzliche Brüche ihn stören. Selbst wenn sie nicht unmittelbar aufeinanderfolgen, ist ihre Zusammengehörigkeit sichtbar. Eine Gruppe benachbarter Farben, die eine Primärfarbe enthalten, wie z. B. Gelbgrün, Gelb und Gelborange, wirkt nicht so harmonisch und erfordert besondere Sorgfalt bei der Zusammenstellung.

Es fällt ins Auge, daß die unbunten Farben Schwarz, Weiß, Braun und Grau (sowie deren Mischfarben, in denen die einzelnen Farbanteile nicht mehr identifiziert werden können und die wir hier als neutrale Farben bezeichnen) fehlen. Sie sind für die Innendekoration von größter Bedeutung, haben aber im Farbkreis der Spektralfarben keinen Platz.

DIE GRUNDBEGRIFFE

Zur Erklärung der Wirkungsweise von Farben ist es hilfreich, sich über einige Grundbegriffe zu verständigen, die hier immer wieder auftauchen. Farbton, Farbstärke (Intensität) und Farbwert (Tonwert, Helligkeit) sind die Begriffe, mit denen die grundlegende Be-

Links Mit dem Farbkreis läßt sich auf leicht verständliche Art darstellen, wie Farben wahrgenommen werden und welche Kontrast- und Harmoniebeziehungen zwischen ihnen bestehen. Er kann sechs – drei Grund- und drei Zweitfarben – oder mehr Farben enthalten. Der abgebildete Farbkreis umfaßt auch Drittfarben.
Primärfarben Blau, Rot und Gelb sind die drei unvermischten Grundfarben.
Sekundärfarben Violett, Orange und Grün sind die aus jeweils zwei Grundfarben gemischten Zweitfarben. Aus der Mischung von Rot und Blau entsteht Violett usw.
Tertiärfarben Die Drittfarben werden aus einer Grundfarbe und einer benachbarten Zweitfarbe gemischt. Blau und Grün ergeben Türkis, Purpur ist eine Mischung aus Rot und Violett. Die anderen vier Tertiärfarben haben keine eigenen Namen: Gelborange, Rotorange, Blauviolett und Gelbgrün.

Seite 8 Diese Abbildung zeigt verschiedene Tonwerte einer Farbe, vom reinen Farbton zu helleren und dunkleren Werten, je nachdem, wieviel Weiß oder Schwarz beigemischt wird. Einige reine Farben, wie z. B. Blau, haben einen großen Tonwertumfang, andere, wie Gelb und Orange, nur einen beschränkten. Genau genommen gibt es kein »Dunkelorange« oder »Dunkelgelb«. Mit Schwarz gemischt, wird Orange zu Braun – was hier deutlich zu sehen ist –, und Gelb wandelt sich zu einem undefinierbaren Grünbraun. Eine harmonische Farbgebung wird am ehesten erzielt, wenn man Farbtöne mit einem ähnlichen Farbwert oder verschiedene Tonwerte von ein und demselben Farbton kombiniert.

schaffenheit, d. h. der Charakter, einer Farbe beschrieben wird. Natürlich beeinflussen viele Faktoren die Beschaffenheit einer Farbe. So ist z. B. das Malmittel wichtig, mit dem sich das Farbmittel verbindet. Der Maler mischt Pigmente, d. h. trockene, pulverförmige Farbmittel, mit Ölen oder Wasser und trägt die Mischung, den Malstoff, auf den Malgrund auf. Dieselbe Farbe wirkt unterschiedlich, je nachdem, ob der Malstoff matt oder glänzend trocknet. Ob die Oberfläche rauh oder glatt ist, spielt für die Wirkung einer Farbe, mit der sie bemalt – oder (im textilen Bereich) gefärbt – wurde, ebenfalls eine Rolle.
Farbton bezeichnet die Qualität einer Farbe, die ihr auf Grund ihrer spezifischen Buntheit einen bestimmten Platz im Farbkreis zuweist. (Schwarz, Weiß, Grau und die neutralen Farben sind unbunte Farben.)
Farbstärke (Intensität, Sättigung) bezieht sich auf die Reinheit und Leuchtkraft einer Farbe. Reinbunte oder gesättigte Farben sind kräftig, leuchtend und rein. Das Gegenteil einer intensiven ist eine gebrochene, gedämpfte, stumpfe oder »schmutzige« Farbe.
Farbwert bezeichnet die spezifische Farbhelle. Dunkle Tonwerte von Blau sind dunkler als die reinbunte Farbe und tendieren zu Schwarz; helle Werte in der Tonskala nähern sich

Rot- und Blautöne können sehr unterschiedlich zusammen aussehen. **Rechts** Da dieses Magenta und dieses Blauviolett nicht nur gleich intensiv sind, sondern auch auf dem Farbkreis nahe beieinander liegen, passen sie gut zusammen. Die weißen Wände und Decken verstärken ihre Leuchtkraft noch. **Seite 11** Helle Tonwerte derselben Farben schmücken diese Veranda. Obwohl Farbtöne und -werte auch hier harmonieren, ist die Wirkung wegen der ganz anderen Texturen eine völlig andere. Das pulvrige Blau und Rosa wurden im selben Maß gedämpft und aufgehellt, so daß sie fast ineinander übergehen. Weiß ist hier nicht nötig.

Weiß. Die reinbunten Farben besitzen eine spezifische Farb- oder Eigenhelligkeit. Gelb ist die hellste, Violett die dunkelste Farbe im Farbkreis. Grün und Rot sind nahezu gleich hell: Auf einem Schwarzweißfoto wären die entsprechenden Grautöne von Grün und Rot fast identisch.

DAS VERHALTEN DER FARBEN

Wenn verschiedene Farben zusammenkommen, ergeben sich unterschiedliche (Kontrast-)Wirkungen. Ein bekannter »optischer Trick« besteht darin, daß man eine Zeitlang einen roten Punkt fixiert und danach den Blick auf ein weißes Blatt Papier richtet: Dort »sieht« man dann einen grünen Punkt als Nachbild – das Auge gönnt sich gewissermaßen Erholung von dem intensiven Rot. Das Nachbild erscheint immer in der Komplementärfarbe (Sukzessivkontrast). In der Innenarchitektur wird dieser Effekt genutzt, indem z.B. in einem dominant blauen Raum etwas Orange eingesetzt wird. Die Komplementärfarbe bietet dem Auge die Ergänzung, die es sucht. Dabei verwendet man zumeist keine reinbunten, sondern gebrochene Farben, in unserem Falle Braunorange oder ein aprikosenfarbenes Orange, um ein Gegengewicht zu den Blautönen zu schaffen.

Schwierig wird es, wenn Komplementärfarben in gleicher Menge und beide reinbunt eingesetzt werden. Dann kann sich das Auge nicht zwischen den beiden Farbeindrücken »entscheiden«, und unsere Wahrnehmung wird durch ein unangenehmes Flimmern gestört. Dämpft man aber eine oder beide Farben oder läßt eine von beiden dominieren, erzielt man eine durchaus lebhafte Gesamtwirkung, die nicht als störend empfunden wird. Unsere Wahrnehmung wird noch durch andere (Kontrast-)Qualitäten der Farben irrege-

führt. So gibt es Farben, die »vorkommen«, und solche, die »zurückweichen«. Es läßt sich wissenschaftlich erklären, warum eine ferne Hügelkette immer blau wirkt, warum die roten Blüten einer Blume »näher« scheinen als deren grüne Blätter und warum Gelb in einer städtischen Umgebung die Signalfarbe par excellence ist – ein Umstand, den man sich in den USA mit den knallgelben Taxis zunutze macht. Innenarchitekten lassen Räume durch rote Wände »schrumpfen« oder durch blaue Wände »wachsen« und wecken Aufmerksamkeit durch ein leuchtendes Gelb. Grundsätzlich gilt aber, daß der sparsame Einsatz dieser Mittel den nachhaltigsten Effekt hat.

Vorkommende und zurückweichende Farben werden allgemein mit warmen bzw. kalten Farben gleichgesetzt. Die Farben im Gelb-Orange-Rot-Bereich strahlen Wärme und Direktheit aus – ein Eindruck, der sich mit zunehmender Intensität der Farbe verstärkt. Schon vergleichsweise kleine Mengen haben eine große Wirkung; die Verwendung großer Mengen führt zu einem aggressiven Farbschema. Blauviolett, Blau, Blaugrün und Schwarz scheinen zurückzuweichen und vermitteln dadurch den Eindruck von Weite. Blau- und Violettöne gelten allgemein als kalt. In dieser Eindeutigkeit trifft dies aber nicht zu. So sind Malerfarben immer leicht verändert und gedämpft, weil sie aus einem Pigmentgemisch hergestellt werden. Und kühle Rosa- und Purpurtöne können äußerst kalt erscheinen, während umgekehrt Blaugrün mit einer kleinen Beigabe von Gelb kräftig und warm wirken kann und dann wenig mit dem angeblich »kalten Blau« gemein hat.

Unten Je nachdem, ob die Wandfarbe hinter diesem Geschirregal Grün oder Violett ist, ändert sich der Gesamteindruck. Beide Farbschemata, die jeweils eine reinbunte Farbe einschließen, sind jedoch harmonisch. Die Kombination von Grün, Gelb und Orange im linken Regal wirkt strahlend und lebhaft. Der violette Hintergrund rechts ist dunkler, aber fein aufgehellt durch Blau und Gelbgrün.

Die Beschaffenheit einer Farbe hängt sehr vom Licht ab, in dem sie erscheint. Tageslicht modelliert die Gegenstände, die es beleuchtet, setzt Spitzlichter und wirft Schatten. Stellen Sie sich einen Raum vor, in dem alle Flächen und Gegenstände dieselbe Farbe haben. Sogar dieses kompromißlos einfarbige Schema würde durch Licht zum Leben erwachen: Die Wand gegenüber dem Fenster würde ein paar Tonstufen heller erscheinen als die Fensterwand, manche Stellen würden im tiefen Schatten liegen, glänzende Oberflächen einen helleren Glanz haben usw. Elektrisches Licht würde ganz andere Wirkungen hervorrufen. Deshalb ist es immer ratsam, Textilien, Tapeten und Malfarben bei gutem Tageslicht farblich aufeinander abzustimmen und dann ihre Wirkung aufeinander bei Kunstlicht zu überprüfen. Der gelbliche Schein von elektrischen Glühbirnen färbt jede Oberfläche, auf die er fällt, »wärmer«. Das Licht von Leuchtstoffröhren läßt alles bläulich und härter aussehen; manche Farben verändern sich im Neonlicht sogar dramatisch: Gelb tendiert nach Weiß, helle Gelbtöne können ganz »verschwinden«; Terrakotta verfärbt sich orange; Grün wird zu Gelbgrün und Violett zu Braun. Es gibt zwar auch Tageslichtstrahler, aber sie sind sehr teuer und werden meist nur für bestimmte Zwecke, z.B. in Ateliers, verwendet.

Oben Auf den ersten Blick kaum zu glauben: Beide Fotos zeigen denselben Raum, wurden aber von den gegenüberliegenden Enden her aufgenommen – das rechte bei Tageslicht, das linke bei Kunstlicht. Im Tageslicht wirken Wand- und Tischflächen gleißend hell, Schattenpartien erscheinen fast nur noch im Umriß. Das Kunstlicht wirft wenig Schatten und macht die Vielfalt von Tönen, Werten und Texturen augenfällig.

FARBZUSAMMENSTELLUNGEN

Die meisten Farbschemata lassen sich einer der folgenden Kategorien zuordnen. In den ersten drei gründen die Beziehungen auf Gemeinsamkeiten, Ähnlichkeiten und der Verwandtschaft der Farben. Die anderen sind durch Kontraste und Unterschiede gekennzeichnet, d.h. die Komponenten heben sich voneinander ab, statt sich zu verbinden und miteinander zu verschmelzen.

Monochromatisches Farbschema Man wählt für einen Raum einen einzigen Farbton in verschiedenen Tonwerten und Farbstärken. Dabei müssen dunkle Farbbereiche ebenso geschaffen werden wie solche mit mittleren und hellen Werten. Das mag sich einfach anhören. Tatsächlich ist aber die Bandbreite innerhalb eines einfarbigen Schemas so enorm, daß man das Ergebnis nicht sofort als monochromatisch erkennt, obwohl gerade dies der Grund dafür ist, daß es so gut »funktioniert«. Interessante Ergebnisse erzielt man dabei eher mit einer Gelb-, Rot- oder Orangetonskala als mit den dunkleren Tonwerten der Blau-, Violett- und Grünskalen. Ein kühles Gelb kann z.B. zu Graugrün gedämpft und noch weiter zu Olivgrün abgedunkelt werden, so daß der Gelbcharakter vollkommen verloren geht. Ein Grünblau behält dagegen in allen Tonstufen seinen Grüncharakter und ist immer noch als Grün zu erkennen.

Ein einfarbiges Schema kann auch auf einer unbunten Farbe wie Weiß oder Beige basieren. Sie kombiniert man gern mit Naturmaterialien wie Holz, Stein, Muscheln, Jute oder Kokosfaser, die ihnen farblich ähneln. Außer durch zarte Abstufungen in Wert und Intensität wird die Einfarbigkeit in einem monochromatischen Farbschema aufgelockert, wenn man – etwa mit Metall, Glas, Holz oder Stein – starke Texturkontraste schafft. Auch wenn diese Materialien eine Gegenstandsfarbe haben, z.B. Messinggelb, gibt ihnen der Oberflächenglanz eine viel abstraktere Qualität, die der des reinen Lichts ähnelt.

Monochromatische Zusammenstellungen können durch kontrastierende Texturen sowie dekorative Details belebt werden, wie diese beiden Abbildungen belegen.

Oben Die farbig getünchte Wand im Flur einer New Yorker Wohnung gibt einen kühlen Hintergrund ab für Tisch und Spiegel, die mit ihren Schnitzarbeiten und ihrer Blattgoldverzierung Wärme ausstrahlen. Die Ockertöne im Marmor und die Umbrafärbung der Tongefäße erhöhen den Nuancenreichtum der neutralen Töne.

Rechts Einer ähnlichen Vielfalt von freundlichen neutralen Farben, kombiniert mit natürlichen Texturen und Oberflächen, begegnen wir in einem Londoner Wohnzimmer. Die intensive Farbigkeit des Fußbodens und die Goldtöne sorgen in diesem Raum für noch mehr Tiefe und Wärme.

Schließlich muß betont werden, daß manches »funktionierende« Farbschema zwar monochromatisch zu sein scheint, in Wirklichkeit aber auf einer der Kontrastwirkungen basiert: Die beherrschende Farbe wird durch geringe Mengen geeigneter anderer Farben zur Geltung gebracht.

Farbtonharmonie Farben, die auf dem Farbkreis ineinander übergehen, eignen sich auch zur Kombination bei der Raumgestaltung. Sie müssen weder denselben Tonwert noch dieselbe Intensität haben noch im selben Umfang verwendet werden.

Farbwert- und Farbstärkeharmonie Eine noch größere Anzahl kombinierbarer Buntfarben ergibt sich durch die Wahl von Farben, die sich in Tonwert und Intensität ähneln. Ein solches Farbschema macht die Verwandtschaft von Farben ohne strenge Regeln und auf gefällige Art erlebbar. Die vielfarbigen viktorianischen Innenräume sind z. T. vorbildliche Beispiele für diese Art von Farbharmonie. Da die einzelnen Farbtöne im selben Tonwert verwendet werden, »fühlen« sie sich ähnlich an. Dieses Farbschema wird übrigens im modernen Tapeten- und Textildesign häufig benutzt.

Tonwertkontrast Von den Farbschemata, die auf dem Kontrast der Tonwerte beruhen, wirken diejenigen am stärksten, welche die Extreme der Hell-Dunkel-Skala – Weiß und

Oben links Die Tonwerte der Wandfarben im Atelier von Charleston Farmhouse, West Sussex, wurden so gewählt, daß eine feine Farbtonharmonie entstand. Im Zusammenspiel mit den kühlen Grau- und Blaugrüntönen wirkt das weiche, gedämpfte bläuliche Rot besonders warm.

Oben rechts Die Kombination von Blau, Grün und Grau in diesem einfach eingerichteten Raum ist stimmig, weil sowohl die Farbtöne als auch die Tonwerte harmonieren. Die neutral gehaltene Holzdecke und die gesprenkelten Wände hellen den Raum auf und verleihen ihm eine entspannte Atmosphäre.

Unten links Dieser moderne Flur beweist, wie stilvoll ein Primärfarbenkontrast eingesetzt werden kann. Werden die Grundfarben in derselben Intensität verwendet, »löschen« sie sich leicht gegenseitig aus. Ihre Kombination ist dagegen stimmig, wenn eine der drei Farben gedämpft ist: Rot und Gelb sind hier gleich intensiv, das Blau ist etwas stumpfer. Tatsächlich ist die »gelbe« Wand in unserem Beispiel eine vom Tageslicht durch gelbbemalte schmale Fensterscheiben beschienene weiße Wand, was bei Kunstlicht deutlich wird.

Unten rechts Die breiten gelben und blauen Streifen der Tapete dieses Arbeitszimmers beweisen, daß Farben mit kontrastierenden Tonwerten hervorragend harmonieren können. Das kräftige Tapetenmuster wird in dem schwarzweiß gestreiften Sesselbezug aufgegriffen.

Schwarz – nebeneinander setzen. Schwarz mit Gelb, der hellsten Buntfarbe, und Weiß mit Blau oder Violett, der dunkelsten Buntfarbe, ergeben ähnlich kräftige Kontrastwirkungen.

Primärfarbenkontrast Hierbei kommen nur die drei Grundfarben vor. Sie wirken alle sehr »laut«, da sie mit der gleichen Intensität auftreten; ihre Kombination ist fürs Auge oft schwer erträglich. Modernistische Innenarchitekten setzten ein solches Schema erfolgreich in Verbindung mit Weiß ein.

Komplementärkontrast Die einfachsten derartigen Kombinationen nutzen die Komplementärkontraste aus dem Farbkreis. Meistens überwiegt dabei die kühlere, »zurückweichende« Farbe, und ein Tupfer der »vorkommenden« Farbe schafft das Gegengewicht; außerdem variiert man bei einer oder beiden Farben Tonwert und Intensität. Das Gleichgewicht stimmt, wenn die kühle Farbe z.B. für den Sofabezug und die wärmere für die Kissen verwendet wird.

Verteilter Komplementärkontrast Drei Farben aus dem Farbkreis werden so eingesetzt, daß die eine nicht mit ihrer Komplementärfarbe, sondern mit zwei von deren Nachbarfarben kombiniert wird. Da der Farbkreis mit vielen Tertiärfarben differenziert gestaltet werden kann, lassen sich Nachbarfarben wählen, die der Komplementärfarbe sehr ähnlich sind. Grün kann z.B. statt mit Rot mit Orange und Violett kontrastiert werden. Die Intensität der beiden Komplementärfarben kann dabei variieren: Während das Grün kräftig bunt bleiben kann, hellt man Orange mit Weiß auf und gibt dem Violett einen tieferen Tonwert, der es zu einem Blaubraun werden läßt.

Ausgangspunkt für die Farbwahl kann eine besonders schöne und anregende Farbe sein, der man die anderen beigesellt. Womöglich kommt sie schon in der Wohnung vor –

Oben Die beiden Komplementärfarben Rot und Grün prägen dieses amerikanische Schlafzimmer. Elegant abgesetzt vom Weiß der gemusterten Quiltdecke, finden sie in den grüngestrichenen Holzteilen und den roten Vorhangschlaufen ein dezentes Echo.

in der Glassammlung, auf dem Porzellan, in einem Teppichmuster, auf Gemälden, in einem Bezugsstoff. Gewisse Gegenstände, wie ein Keramikteller, ein Lacktablett oder ein handgeknüpfter Teppich, weisen vielleicht eine Farbzusammenstellung auf, die man als Grundmuster übernehmen, abwandeln und erweitern kann. Manchmal dominiert in einem Raum auch eine Farbe, auf die man die anderen Farben abstellen muß: Die Farbe der Fliesen vor dem Kamin oder im Bad oder das Farbmuster eines Teppichs ist vorgegeben; da man sie nicht verändern kann, ist es um so wichtiger, über Farben und ihre Wirkung Bescheid zu wissen. Was als Ausgangspunkt oft reizlos zu sein scheint, kann durch die geschickte Wahl der anderen Farben eine faszinierende Verwandlung erfahren.

Wenn das Haus oder die Wohnung einer bestimmten Stilepoche angehört, ist zu überlegen, ob nicht der Originaldekor, also Simse, Stuck oder Holzarbeiten, Anregungen für die Gestaltung liefern könnte. Man muß sich dabei nicht allzu streng um historische Au-

Oben In diesem kleinen gemütlichen Arbeitszimmer kommen die Farben am besten bei Dunkelheit zur Geltung, wenn Lampenlicht die warmen, kräftigen Rot-, Gelb- und Brauntöne betont. Der helle, mit feinen Karos gemusterte Bezug des Polstersessels bildet einen subtilen Kontrast zu den dunklen Farbtönen des Bücherregals.

thentizität bemühen, sondern braucht die Farbtöne nur anklingen zu lassen und kann sie mit solchen kombinieren, die in unsere Zeit passen. Für eine Wohnung aus den 30er Jahren kann man helle, unbunte oder neutrale Farben wählen und sie mit verchromten oder lackierten Oberflächen kontrastieren lassen. Wenn Sie Ihr eigenes Farbschema kreieren wollen, sollte es zumindest zum architektonischen Charakter von Haus oder Wohnung passen. Grelle synthetische Farben harmonieren z.B. kaum mit den ockerfarbenen Mauern eines Landhauses.

Die Nutzung eines Raums sollte bei der farblichen Gestaltung ebenfalls berücksichtigt werden. Grundsätzlich vertragen Räume, die nicht so häufig genutzt werden, kräftigere Farben. Räume, in denen man sich hauptsächlich nachts aufhält, brauchen dunklere und intensivere Farben als Gegengewicht zum gelblichen Licht der Glühbirnen. Die Raumarchitektur spielt natürlich auch eine Rolle. Ein Raum mit kleinen Fenstern z.B. kann durch lichte, reflektierende Farben aufgehellt werden.

Wir möchten den Leserinnen und Lesern in diesem Buch Anregungen geben, sich mit Farben und ihrer Wirkung zu beschäftigen. Der Hauptteil ist ausführlichen Farbporträts gewidmet. Die Abbildungen, die wir dafür ausgewählt haben, sollen die Bandbreite jeder Farbe veranschaulichen und dazu ermutigen, sich auch einmal für eine bisher unbekannte Farbkombination zu entscheiden. Wir wollen zeigen, wie Farben in bestimmten Zusammenstellungen aussehen und wie man mit ihnen luxuriöse oder schlichte Interieurs schaffen kann.

Im Kapitel »Farbpaletten« wird erläutert, warum sich einzelne Farbgruppen in verschiedenen Teilen der Erde unter den jeweiligen klimatischen, geographischen und kulturgeschichtlichen Bedingungen in bestimmter Weise entwickelt haben. Die Beziehungen zwischen den Farben dieser Gruppen, ihre Intensität und unterschiedlichen Tonwerte sind für die spezifische Atmosphäre verantwortlich, die sie erzeugen. Die vorgestellten Farbpaletten können unmittelbar umgesetzt werden oder Impulse für eigene Farbkompositionen liefern.

Das fachkundige Mischen der Malfarben ist Voraussetzung für eine gelungene Raumgestaltung. Die praktischen Grundregeln dafür sind sehr einfach. Diesem Thema ist das abschließende Kapitel gewidmet, das uns sehr wichtig erscheint: Oft wird versucht, eine Farbmischung herzustellen, mit dem Ergebnis, daß man mit einer riesigen Menge einer Mischfarbe dasteht, die man gar nicht haben wollte. Sie können anhand unserer praktischen Hinweise Ihre eigenen Malfarben herstellen oder sich von ihnen zur Wahl fertiger Farben anregen lassen.

Letztlich gibt es kein allgemeingültiges Rezept für das Mischen und den Gebrauch von Farben. Wir hoffen aber, daß wir Ihnen mit diesem Buch Leitlinien an die Hand geben, mit denen die Innenraumgestaltung weniger zu einem Glücksspiel als vielmehr zu einem kreativen Prozeß wird, der viel Spaß machen kann!

Farb-
porträts

GELB

KÜHLES GELB

Die Palette der klaren, kräftigen, strahlenden kühlen Gelbtöne reicht vom hellen Schimmer des Winterjasmins bis zum intensiven, vitalen Leuchten der Mimosenblüten.

In der Innenarchitektur wird diese Farbe noch nicht lange verwendet, da es nicht möglich war, sie auf der Grundlage von gelbem Ocker herzustellen, selbst wenn ein organisches Gelb zugesetzt wurde. Erst seit den 20er Jahren des 19. Jahrhunderts ist Chromgelb billig zu fabrizieren und überall verfügbar, so daß die Malermeister seitdem ein helles, strahlendes und lichtbeständiges Gelb einsetzen konnten.

Das Empire liebte ein helles Zitronengelb und kontrastierte es mit Amethystfarben, und Ende des 19. Jahrhunderts wurde es oft mit Grün kombiniert. Auch in den 20er und 30er Jahren des 20. Jahrhunderts war es modern, und in den 50ern setzte man es, vor allem bei Textilien, in Kombination mit Weiß, Schwarz und Grau ein.

Kontrasteffekte erzielt man mit rötlichem Mauve. Man setzt sie aber am besten nur sparsam ein, damit das Gelb dominierend bleibt. Besonders gut harmonieren Hellgrau- und Blaugrautöne mit kühlem Gelb, während Weiß in den meisten Fällen

Links Claude Monets Haus in Giverny wurde entsprechend dem originalen Farbschema restauriert. Das gelbe Eßzimmer und die blaue Küche bilden den Mittelpunkt des Hauses. Die beiden kühlen Gelbtöne finden ihr Gegengewicht im hellen Blau des Porzellans und der Stoffe.

Rechts Der große Salon im Haus von Sir John Soane (Lincoln's Inn Field, London, um 1830) wurde in den prächtig leuchtenden Originalfarben seiner gelben Wände, Polsterbezüge und Vorhänge restauriert. Es ist einer der ersten uns bekannten Räume, in denen Stoff- und Wandfarbe sorgfältig aufeinander abgestimmt wurden. Die ursprüngliche Wandfarbe war unter Verwendung von Patentgelb (Bleioxidchlorid) gemischt und anschließend zur Haltbarmachung gefirnißt worden. Bei der Restaurierung wurde die Farbe aus Chromgelb und weißer Ölfarbe gemischt und mit seidenmattem Firnis überzogen. Das Wandgelb läßt das stumpfe Weiß der Decke cremig wirken. Die Borten an Vorhang und Sofa sind in einem warmen Rot gehalten und unterstreichen mit dem vereinzelt auftretenden Schwarz die Eleganz der Ausstattung. Trotz der kräftigen Farbgebung strahlt der Raum lichte Ruhe aus.

EAST
SOUTH

ausgleichend wirkt. Dieses Gelb macht sich auch gut zusammen mit der Skala der warmen Blautöne.

Die starke Buntheit des kühlen Gelbs läßt sich auch mit seinen Nachbarfarben – den Grün- und den wärmeren Gelb- und Rottönen – ausgleichen. Eine solche Farbzusammenstellung weisen viele Stoffe auf, die große Beliebtheit erlangt haben.

Voll gesättigt wirken kühle Gelbtöne hart, ja fast metallisch, und eignen sich für moderne Interieurs. Sie passen gut zu schwarzem Kunststoff, Chrom, glänzenden Oberflächen und anderen leuchtenden Farben.

Kühles Gelb erhält man aus Mischungen von Chromgelb zitron und Kadmiumgelb zitron.

Links Eine Ecke des »Gartenzimmers« in Charleston, Vanessa Bells und Duncan Grants Haus in West Sussex. Vorhang und Querbehang sind aus dem Stoff »Grapes« (Weintrauben), den Grant 1931 für die Firma Alan Walton entworfen hat und den Laura Ashley seit einiger Zeit führt. Die Wandbemalung mit Schablonenmuster (Entwurf: wahrscheinlich Vanessa Bell) stammt aus der Zeit nach 1945 und wurde von Bell und Duncan ausgeführt. Die Farben harmonieren, weil das Zitronengelb von Vorhängen und Fensterläden mit den Grautönen der Wand kontrastiert, beiden aber ein kühlgelber Unterton gemeinsam ist. Das weiche Braun des bemalten Schränkchens, der Blätter und der Violine paßt gut zu den Tonwerten der anderen Farben und gibt dem Raum eine Spur Wärme.

Rechts Wandfarbe und gemusterter Teppichboden in diesem eleganten Schlafzimmer sind beide in einem kühlen gelben Farbton gehalten. Das gebrochene Weiß von Tischtuch und Bettwäsche setzt frische, belebende Akzente, während das Blaugrau der Schleife, der breitgestreiften Polster und der klassizistischen Bilder für eine kühle Note sorgt. Rote Tupfer auf dem Kissen und in den Lampenschirmen und der bewußte Einsatz von Schwarz und Gold vervollständigen das Ensemble. *Design: Mark Hampton*

Oben Eine gelungene Verbindung von Gelb und Grau in der Eßküche eines umgebauten Lagerhauses in Melbourne, Australien: Wände und Decke sind cremefarben gestrichen, der Boden hat einen weichen grauen Kunststoffbelag. Die strahlend zitronengelben und dunkelgrauen Resopalflächen bringen Dynamik in dieses Farbschema.

Rechts Selbstbewußt mischt ein schwedischer Textildesigner hier Farben und Stile. Ein elegantes antikes Sofa behauptet sich würdevoll in der Nachbarschaft von Porzellan aus den 40er und Teaktischchen sowie Stehlampe aus den 50er Jahren. Die gelbe Wandfarbe bietet eine helle Kulisse für die kräftigen anderen Farben Schwarz, Zinnoberrot, Blau, Türkis und Hellgrün. Gedämpfte oder Pastelltöne fehlen. *Design: Ingel Hakansson-Lamm*

Rechts Atelier und Wohnung eines Malers in einer ehemaligen Tanzschule aus dem 19. Jahrhundert. Vom kühlen Gelb der Wand heben sich die Bilder und das sparsame Mobiliar deutlich ab. Das brillante Weiß von Decke und Boden paßt zu dem klaren Gelbton und sorgt für ein Höchstmaß an strahlender Helle, die diesen Raum charakterisiert.

WARMES GELB

Ein warmes Gelb haben Hahnenfuß, Sonnenblumen und Bernstein. Warme Gelbtöne sind freundliche, golden leuchtende Farben, die aus Gelb und einer Spur Rot bestehen. Die Basis der reinen, hellen Tonwerte sind kräftiges Chromgelb und Kadmiumgelb; die dunkleren Töne werden mit gelbem Ocker oder Goldocker erzielt, die den Goldton beisteuern.

Dieses Gelb hat bei den Malerbetrieben Tradition für den Innenanstrich. Seine Verwendung in der Antike sorgte für seine Beliebtheit in der klassizistischen Innenarchitektur Ende des 18. Jahrhunderts. Wegen ihrer Lebhaftigkeit eignen sich die leuchtkräftigeren warmen Gelbtöne für anspruchsvolle Wohnungseinrichtungen, weil sie mit ihrer aufhellenden Wirkung am be-

Links Das ehemalige Londoner Wohnzimmer von Nancy Lancaster, der Inhaberin der Stofffirma Colefax and Fowler, veranschaulicht ihren phantasievollen Umgang mit Farbe und das sichere Stilempfinden ihres Partners John Fowler. Gelb hat hier die Cremetöne verdrängt, die damals, in der Innenarchitektur der 50er Jahre, vorherrschend waren. Die Wände erhielten einen leicht glänzenden Anstrich in einem mittleren Gelbton, der dem Raum Weite und Helligkeit verleiht, die charakteristisch für den englischen Stil in der Innenarchitektur sind. Dadurch wirken Räume auch an düsteren Tagen sonnig. Die Decke wurde in drei fein abgestimmten Beigetönen gestrichen, die Vorhänge weisen zwei Schattierungen von Goldgelb auf. Ein wenig Zitronengelb, Tagetesgelb, Rot und Türkis bringen die Polsterbezüge ein. Der große, gelbe ukrainische Teppich ist in diesem Farbschema tonangebend.

Rechts Die Anregung zu diesem Farbschema lieferte der Salon von Sir John Soane (Seite 23). Auf eine seidenmatte weiße Öllasurgrundierung wurde eine Kadmiumgelblasur aufgetragen, um einen warmen, lichten Ton zu schaffen. Decke und Paneel erhielten einen gebrochenen, mit Umbra natur »verschmutzten« Anstrich mit Mattlack. Die schmalen Tapetenkanten (hier weitgehend verdeckt) sind in einem erdigen Rot gestrichen; sie geben dem Schema einen Rahmen und greifen die Rot- und Rosatöne der Stoffe auf. *Design: John und Gabrielle Sutcliffe*

sten in großzügigen Räumen zur Geltung kommen. Ein warmes Gelb ist eine schöne Wandfarbe, vor allem in Verbindung mit weißen Decken und Vorhängen. Es verträgt problemlos die Kombination mit Stuck, Gemälden, gemusterten Stoffen und anderen kräftigen Farben, z.B. mit dunklen Rot-, Blau- und Grüntönen sowie Schwarz. Sogar mit Türkis macht es sich gut; nur mit der Kontrastfarbe Blauviolett entstehen eher unversöhnliche Gegensätze. Attraktiv, sanft und harmonisch wirken neutrale Farben oder kühlere Farbtöne als Gegengewicht zu warmem Gelb, also etwa Bleigrau, Hellbraun, Seladongrün, Lavendel oder ein zartes Blaugrau. Wenn es als Lasur oder in einem getrübten Deckanstrich verwendet oder mit dunklen Farben oder kräftigen Holztönen kombiniert wird, kann warmes Gelb seine ganze Leuchtkraft entfalten. Seine gedämpfteren und dunkleren Tonwerte eignen sich für kleinere Räume, denen sie mehr Tiefe verleihen können.

Oben Diesen Raum prägen warme Farben – von den getrübt eigelbfarbenen Wänden bis zum krapplackroten Toile-de-Jouy-Sofabezug. Weiße Flächen schaffen eine Verbindung zwischen den warmen Tönen. Die Wandfarbe ist ein matt trocknendes, helles Graugelb, das mit einer karamelgetönten Farbe auf Wasserbasis überstrichen wurde. *Malerarbeiten: Robin Knapp*

Rechts Warmes Gelb herrscht auch in diesem Wohnzimmer eines Künstlers vor, der den Bezugsstoff des eleganten Empire-Sofas in der Wandfarbe gewählt hat. Für Kontraste sorgen die dunkelgrünen Vorhänge und das Rot in den Teppichen.

Seite 31 Der leuchtende Gelbton der Wände, der aus gelbem Ocker und Umbra natur gemischt und mit Rolle, Schwamm und Tuch auf eine weiße Grundierung aufgebracht wurde, schafft trotz der Weitläufigkeit des Raums Behaglichkeit. Die rot-goldenen Stühle und die schwarzen Akzente bringen ein Luxuselement ins Spiel, das durch die schlichten Baumwollvorhänge konterkariert wird. *Malerarbeiten: Keith Day*

Links Das von Carl Larsson ausgemalte Zimmer des Hausmädchens im Haus des schwedischen Künstlers. Die Wand mit einem naiv anmutenden Fries unter der erdig orangefarbenen Deckenleiste ist in warmem Gelb gehalten. Die kräftigen Töne werden durch das Weiß von Decke und Betthimmel sowie den hellgrauen Anstrich des Bettgestells gemildert. Im Flickenteppich werden Grün, erdiges Orange und Dunkelblau kombiniert.

Oben Die Farben und Muster Afrikas haben die Gestaltung dieses Raumes beeinflußt. Wände, Kokosläufer und Naturholzmöbel sind in den neutralen Farben gehalten, die man mit afrikanischen Landschaften verbindet. Sie stehen in harmonischem Kontrast zu den leuchtenderen Farben und Mustern der Webstoffe. Durch die Abwesenheit von Primär- und synthetischen Farben wirken die Kontraste lebhaft, aber nicht zu stark.

Unten Diese große, sonnige Küche strahlt vor Behaglichkeit. Das Licht strömt vom Garten herein und hellt die warmen Erdtöne der Keramikfliesen und die satten Farben der massiven Eschenmöbel auf. Über dem olivgrünen Paneel setzt die mit gelbem Ocker lasierte Wand an. Mit Schablonen aufgebrachte Triglyphen und Terrakottamedaillons erinnern an die klassizistische Vergangenheit des ehemaligen Pfarrhauses aus dem 18. Jahrhundert. *Malerarbeiten: Johnny Grey von der Firma Smallbone*

BLASSES GELB

Die Skala der blaßgelben Töne reicht von Buttergelb bis zum kühlen, frischen Gelb der Schlüsselblume. Blasse Gelbtöne – etwas heller als die typischen Farben des englischen Empire- und Regency-Stils – waren Ende des 18., Anfang des 19. Jahrhunderts in den Vereinigten Staaten sehr beliebt.

Das etwas grünstichige Blaßgelb paßt gut zu seiner Komplementärfarbe Rotviolett; die beiden Farben wirken lebhaft und warm zusammen. Mit kühlen Blautönen, Grau und Weiß schafft Blaßgelb eine sanfte, behagliche Atmosphäre. Wärmere Schattierungen von blassem Gelb, die aus gelbem Ocker gemischt werden können, sehen mit Braun und Schwarz am reinsten und klarsten aus.

Blaßgelb mischt man im allgemeinen aus Kadmium- oder Chromgelb und einem Zusatz von Weiß.

Oben Diese schlichte, unaufdringliche Gestaltung verdankt ihre Wirkung mehr der Farbe als den Gegenständen. Das frische Gelb bringt Licht in die Souterrainwohnung in der Stadt, und die leuchtenden Farbstreifen des Flickenteppichs, darunter solche in der Komplementärfarbe Rotviolett, verleihen dem Arrangement Pfiff. Durch die Kissen und die Blumen kommt noch mehr Violett ins Spiel.

Rechts Die Besitzerin dieses Bauernhauses mischte lila Pigment aus Marokko mit Milch an und trug die Malfarbe auf die weißgrundierten Wände ihres Wohnraumes auf, die nun mit ihrem Pastellcharakter sehr schön zu dem weichen Gelb des Regals passen. *Künstlerische Gestaltung: Amanda Feilding*

Seite 35 Ein insgesamt harmonisches Farbschema aus blaßgelben, Gold- und Terrakottatönen wird hier noch durch warme Rot- und Brauntöne bereichert. Die Farben des Rittersporns und der blau-weißen Porzellanvase lassen im Interieur dieses Hauses im Hudson-Tal, Staat New York, ein paar Kontrastnoten anklingen. *Design und Malerarbeiten: David Easton*

ROMANTIC ART

STUMPFES GELB

Unten Die verputzten Wände im Flur dieses Hauses auf Gran Canaria wurden so in aufgehellten Ocker- und Umbratönen bemalt, daß der Eindruck von bröckelnden Steinquadern entstand. Der seidenmatte dunkelolive Anstrich der Tür harmoniert gut mit den Honigtönen der Wand. Der Trompe-l'œil-Effekt setzt sich in der gemalten Fußbodenleiste aus grauem »Stein« fort. *Besitzer/Design: Christophe Gollut. Ausführung: André Dubreuil*

Diese Gelbtöne werden aus den natürlichen Pigmenten Ocker und Siena natur hergestellt, die man vielerorts in Ton- und Sandböden findet, und sind unauffällig und erholsam fürs Auge. Sie waren immer billig und leicht erhältlich und haben daher als Farbmittel für den Innen- und Außenanstrich eine lange Tradition. Aus Ocker mischt man von alters her die Gelbtöne, die in Afrika, Italien und der Provence ebenso beliebt sind wie in Skandinavien und Lehmhütten wie Adelspaläste zieren. Jeder Raum erhält durch sie einen runden, weichen, warmen Ton.

Der Gelbcharakter des stumpfen Gelbs wird durch kühle Grau- und Blautöne verstärkt; mit warmen, erdigen Farben kombiniert, verliert es an Buntheit. Man erhält die Farbe, indem man gelben Ocker und/oder Siena natur (ein bräunliches Gelb) mischt und mit Weiß aufhellt. Mit Umbra natur läßt sich der Ton dämpfen.

Oben Assyrische Kunst regte zu dieser Wandgestaltung an, die auch in jedem anderen Kontext wunderbar wirken würde. Gelber Ocker, Siena natur und Umbra natur wurden mit einer weißen Acrylfarbe angerührt. Die Malfarbe wurde in sechs Schichten auf den Gipsgrund (Gesso) aufgetragen und jedesmal nach dem Trocknen abgeschmirgelt, wie man es vom Gessopainting kennt. Abschließend wurden die Wände zum Schutz der feinen Tönungs- und Texturnuancen mit Klarlack überzogen. Rahmenbildend wirkt der Fries in einem dunklen Umbra-natur-Ton. *Künstlerische Gestaltung: Veronica Hudson*

Links In der Spülküche von Christophe Golluts Haus auf Gran Canaria bildet das Türkis des Eckwandschranks einen starken Kontrast zu dem stumpfen Senfgelb der grob verputzten Wände.

ORANGE

Die Gelborange- und Orangeskala, die wir hier vorstellen, reicht von hellen Aprikosen-, Pfirsich- und Melonentönen bis zum volleren Farbton der Frucht, der sie ihren Namen verdankt.

Blasses Gelborange und Dunkelorange waren im Jugendstil und im Art déco beliebt und erlebten in den 60er Jahren eine Renaissance.

Orangetöne wirken ausgesprochen warm und benötigen daher Kontrast und Ausgleich durch kühle Farben. Dazu eignen sich die meisten kühlen Grün- und Blautöne; die eigentliche Komplementärfarbe ist Blau.

Gelborange kann aus intensiven Farben, wie z.B. Kadmiumgelb und wenig Kadmiumrot, gemischt werden; man erhält dann aber einen fast grellen Farbton, der, mit Weiß aufgehellt, zu einem faden, süßlichen Aprikosenton wird. Das vermeidet man, indem man von einem etwas erdigeren Grundton, wie Siena gebrannt oder hellem Englischrot, ausgeht. Mengt man noch ein wenig Kadmiumgelb oder gelben Ocker bei, bekommt das Orange mehr Wärme. Die Aufhellung mit Weiß mildert die Buntheit und liefert eine vielschichtige Tonskala von melonen- bis aprikosenfarbig.

Oben Die Natur ist die beste Inspirationsquelle. Die Orange-, gelben Ocker- und Limonengrüntöne dieses Trockenblumengestecks können als Grundlage für ein harmonisches Orangeschema dienen.

Links Die Verwendung einer einzigen Farbe kann ein beruhigendes, harmonisches Raumgefühl schaffen. Hier sind die Wände in blassem Gelborange am hellsten und geben den Hintergrund ab für das etwas dunklere Sofa und die schweren Seidenvorhänge. Einen dramatischen Akzent setzt das große dunkle Gemälde. Die feinen Details der Kissenbezüge und der Sofaumrandung bringen eine Vielzahl von Texturen, Tönen und Mustern ins Spiel.

Seite 38 Die getupfte melonenfarbige Tapete läßt die geräumige Eingangshalle dieses Landhauses sehr freundlich wirken. Die Farbe reflektiert das Licht und verhindert so, daß dieser tagsüber nicht besonders helle Bereich düster wirkt. Der breite braune Rand betont die Tapetenfarbe. Das weiße Treppengeländer hebt sich stilvoll von den verschiedenen Grautönen der polierten Steinplatten aus dem 18. Jahrhundert ab.
Design: David Hicks

Oben Für orange Farbtupfer können auch auffällig gemusterte Stoffe sorgen.

Rechts In der Diele dieses Hauses, das einmal Carl Larsson gehörte, wurde dunkles Orange kräftig eingesetzt – ein warmer, gastfreundlicher Empfang. Das satte Orange wird durch ein kühles Grün ausgeglichen. Einen frischen Kontrast bildet das Weiß des Türrahmens und der Eckablage; dadurch gewinnt das Farbschema an Struktur und wirkt nicht überfrachtet.

Seite 41 In Anlehnung an die Grafikkabinette des 18. Jahrhunderts wurden hier schwarzweiß bedruckte Tapeteneinfassungen, Aufhänger und Bordüren sorgsam ausgeschnitten und als Rahmen für Federzeichnungen aufgeklebt. Vom traditionellen Vorbild abweichend, wurde Orange als Hintergrundfarbe gewählt, was den kleinen, dunklen Vorraum in ein regelrechtes Schmuckkästchen verwandelte. Der schützende Firnis hat eine leichte Gelbfärbung. *Design: Nicola Wingate-Saul*

ROT

BRAUNROT

Volltoniges Braunrot ist eine natürliche, beruhigende Farbe, die in viele Einrichtungskonzepte in Form von poliertem Holz, dunkelgebrannten Ziegeln oder irdenen Töpfen, selten als dominierende Farbe auf Wänden oder Stoffen Eingang findet. Der Farbton wird oft als Terrakotta (gebrannte Erde) bezeichnet. Er harmoniert mit allen verwandten warmen Rotschattierungen, anderen Erdfarbpigmenten, wie gelbem Ocker und Umbra, sowie Blau- und Grüntönen. Die verschiedenen Tonwerte entfalten ihre Wirkung am besten in Kombination mit einer Skala gleichwertiger weicher bis harter Blautöne. Die Ägypter mischten Braunrottöne mit sicherem Farbgefühl; wer Anregungen sucht, sollte ihre Fresken studieren. Da diese Farben auch in der Antike häufig verwendet wurden, griffen klassizistische Architekten und Innenarchitekten sie begeistert auf. In Viktorianischer Zeit kombinierte man braunrote Bodenfliesen mit Creme- und gedämpften Blautönen sowie Schwarz – ein Farbschema, das auch auf Wänden und Stoffen Verwendung fand.

Links Ein schlichtes Regal in Braunrot bringt das blau-weiße Delfter Porzellan ebensogut zur Geltung wie den bunten Strauß aus dem Bauerngarten.

Oben Die warmen, erdigen Orangerot-, Braunrot- und kühlen Blautöne der alten Ägypter als Inspirationsquelle für Einrichtungskonzepte. Mit Holzkohle wurden die Haare, mit Kalk die Kleider, mit gelbem und rotem Ocker die Menschen- und Tierkörper gemalt. Grüne und blaue Pigmente stammen von Mineralien wie Malachit und Azurit. Die Ausgewogenheit einer solchen Farbzusammenstellung veranschaulicht dieses Fresko (15. Jahrhundert vor Christus) aus dem Grab Nebamuns bei Theben.

Rechts Ein großer gemauerter Kachelofen ist der Blickfang im Biedermeierwohnzimmer dieses finnischen Herrenhauses aus dem 18. Jahrhundert. Das satte Rotbraun der glasierten Kacheln findet sich ähnlich in den Stühlen wieder und wird konterkariert durch die intensiv blau getünchte Wand. Die hellen Bodendielen und die weiße Decke bilden einen neutralen Hintergrund für diese starken Farben. Einen besonderen Akzent setzt die französische Bildtapete von 1830, die das geschäftige Treiben im Hafen von Marseille zeigt.

ORANGEROT

Die orangeroten Töne sind ruhige, erdige Farben, die stark und leuchtend, aber nicht erdrückend wirken. Sie haben weder die Aggressivität von Rot noch den Überschwang von Orange, sondern vielmehr die stille Wärme der Korallenrottöne.

Beliebt war Orangerot Anfang des 19. Jahrhunderts, nachdem man die Wandgemälde von Pompeji entdeckt hatte. Als Wandfarbe wurden seine matten Varianten gern in Wohnzimmern eingesetzt.

Orangerot stellte man ursprünglich aus Roterden und gelber Terra di Siena gebrannt her, deren Pigmente überall auf der Welt aus Eisenoxiden gewonnen werden können, immer billig zu haben und äußerst lichtbeständig waren.

Orangerot harmoniert mit Braunrot ebenso wie mit warmem, blassem Rot und mit Schwarz. Tendiert es stärker nach Orange, ist die Komplementärfarbe blaustichiges Türkis, liegt es näher bei Scharlachrot, ist Grün das Komplement.

Oben John Britton notierte 1827, daß die Wände von Sir John Soanes Eßzimmer-Bibliothek nach Vorbildern in Pompeji und Herkulaneum tiefrot gestrichen waren. Die Ornamente sind mit einer stumpfen bronzefarbenen Deckschicht überzogen; dafür wurde grüner Lack mit Bronzepulver bestäubt. Dieses Verfahren von Soane und seinen Zeitgenossen soll auch im alten Rom angewendet worden sein.

Rechts Das ehemalige Atelier des Künstlers Augustus John wurde von den jetzigen Besitzern aus dem Nahen Osten exotisch umgestaltet. Azurblaue und türkisfarbene Tupfer beleben die vielfältigen Muster in Orange-, Terrakotta- und Rottönen. *Design: Hamoush Bowler*

Oben Die Kassettendecke in einem französischen Stadthaus des 19. Jahrhunderts zeigt Orangerot in Verbindung mit Grün und neutralen Farben.

Rechts Carl Larssons Eßzimmer präsentiert sich in den gleichen, nur etwas gelber getönten Farben, die Sir John Soane rund siebzig Jahre früher verwendet hat. Das Grün (ohne Bronze) wurde als Komplementärfarbe zu dem Orangerot belassen, das man damals als Eßzimmerfarbe schätzte. Das dunkle Braunrot des einzelnen Stuhls taucht in den Webstoffen wieder auf. Die Gestaltung dieses Raumes (Ende 19. Jahrhundert) löste bei den Zeitgenossen eine lebhafte Kontroverse über die verwendeten Farben und Farbkombinationen aus.

Links Starke Effekte kann das Zusammenspiel von Orangerot und Blaugrün hervorrufen, wie der Blick durch diesen bemalten hölzernen Türbogen in einem Haus in Marrakesch zeigt. Der helle Orangerosaton der Wandfarbe findet sein Gegengewicht im kühlen Grün der Durchgänge und des Schrankes. Das kühle Rosa des Fußbodens rundet das Farbschema ab.

Rechts Eine ganze Skala von hellem Korallenrot, Orangerot und rotbraunen Tönen macht die ehemalige Bibliothek von Vanessa Bell und Duncan Grant in Charleston, West Sussex, zu einem einladenden Ort. Das auffällige Orangerosa der hölzernen Fensterpaneele, die Duncan Grant bemalt hat, wird durch ähnliche Töne in den Läufern, auf den Buchrücken und in den Zierleisten des rechten Bücherregals wiederaufgenommen. Farbliche Ergänzung liefern die grünen Holzrahmen der Stühle (Ende 18. Jahrhundert) sowie blaue, grüne und blaugrüne Farbtupfer im ganzen Raum. Die blaßrosa Stuhlbespannung und das Weiß von Decke und Fußleisten sorgen für Kontrast, Frische und Helligkeit.

WARMES BLASSROSA

Warme Blaßrosatöne sind die Farben von frischem Wandputz und dem Innern von Meeresschnecken, das außerdem orange und hellbraune Töne aufweist. Diese sanften, natürlichen Farbtöne eignen sich gut für eine landschaftlich geprägte Architektur und wirken zwanglos. Am besten kommen sie auf großen Flächen zur Geltung, da sie in kleinen Mengen leicht von anderen Farben übertönt werden.

Sie harmonieren nicht nur mit ihrer Komplementärfarbe Grünblau, sondern auch mit allen blassen Erdfarben und allen warmen Rottönen. Der Zusatz von ein wenig Purpur oder Orange belebt Farbkompositionen auf der Basis von warmem Blaßrosa.

Oben Der Wandverputz in traditionellem Rosa verträgt sich gut mit den erdigen Grüntönen. Um Farbe und Textur herauszuarbeiten, wurde die letzte Putzschicht mit einer Holz- statt einer Metallkelle aufgetragen. *Design: Annie Sloan*

Links Diese Wandansicht vom Swimmingpoolbereich eines Hauses (18. Jahrhundert) an der Algarve ist ein schönes Beispiel dafür, wie erdig-warm und schlicht-elegant Blaßrosatöne auf unterschiedlichem Untergrund wirken können. Für die Umrandung des Sieneser Madonnenreliefs (15. Jahrhundert) wurde ein dunklerer Ton der Wandfarbe gewählt. Die einfachen Hocker stammen aus der Region; die Bodenfliesen aus Ton nennt man *ladrilhos*.

Seite 50 Das restaurierte Bauernhaus in Yorkshire sollte rosa Wände bekommen, doch der gewünschte Farbton war nicht leicht zu treffen. Das erste Blaßrosa geriet zu kühl und wurde mit Gelb abgetönt, bis ein feiner Ton zwischen Gelb und Rosa erzielt wurde, der nun überall im Haus einen schmeichelnden Hintergrund für das alte Fachwerk bildet und Behaglichkeit verbreitet.

Links Die Küche des Gardner-Pingree-Hauses in Salem, Massachusetts, wurde in den originalen Farbtönen des frühen 19. Jahrhunderts restauriert. Das bräunliche Blaßrosa der Wände – früher Leimfarbe, jetzt ein matter Ölanstrich – wird in dem dunkleren Backsteinrot der Stühle (mit original hellgelben Zierkerben) aufgegriffen und durch den hellgrünen Holzanstrich ausgeglichen. Der blanke Kiefernholzboden verstärkt den luftigen Gesamteindruck.

Oben In diesem Landhauswohnzimmer herrschen rosa, senffarbene, braune und weiße Töne vor. Vor dem Hintergrund der französischen Baumwolle des kunstvollen Vorhangs und der Wandbespannung heben sich Gemälde und Dekorobjekte wirkungsvoll ab. Die getrockneten Hortensien bilden rost-, malven- und purpurfarbene Farbtupfer neben der hellrosa Wolke aus Schleierkraut. Das Weiß der Paneele, des Porzellans und des Kamins hellt das Bild auf, in dem der gelbe Sesselbezug einen kräftigen Akzent setzt. Die solide Basis bildet der geometrisch gemusterte Teppichboden mit dunkelbraunem Rand. *Design: David Hicks*

WARMES ROSA

Dieser warme, gedämpfte Rosaton, der durch den Zusatz von Braun getrübt und verstärkt werden kann, ist für Einrichtungen im Landhausstil beliebt, bei denen farbig verputzte oder gekalkte mit gestrichenen Wänden kombiniert werden. Besonders gut füllt er dunkle Stellen aus, wo Blaßrosa verwaschen wirken könnte. Warmes Rosa paßt gut zu den Komplementärfarben Blaugrün bis Gelbgrün sowie verwandten Rot- und Brauntönen.

Orangestichige Roterde wird mit etwas Weiß zu einem warmen Rosa abgetönt, das durch Zusatz von Umbra natur oder Umbra gebrannt bräunlicher und »schmutziger« wird. Man kann ein warmes Rosa auch erzielen, indem man einen weißen Grundanstrich hauchdünn mit Erdrot überstreicht.

Oben Die dunkle graugrüne Grundierung dieses Holzschrankes wurde so mit einer Öllasur in warmem Rot überstrichen, daß die Grundfarbe durchschimmert und der Anstrich satt und tief erscheint. Die mit stumpfem gelbem Ocker bemalten Zierleisten unterstreichen Farbe und Form. Vor dem zartgemusterten Auslegpapier an den Innenwänden entfalten die seladongrünen Schüsseln und blau-weißen Porzellanteller ihren ganzen Reiz.

Rechts Die freundliche Atmosphäre in diesem Landhausschlafzimmer geht auf das viele Weiß und die kräftigen, aber warmen Rosatöne zurück. Akzente setzen wenige grüne, blaugrüne, purpurne und schwarze Tupfer.

Unten So schlicht dieses französische Schlafzimmer aus dem 18. Jahrhundert auch wirkt – alle Details sind sorgfältig ausgewählt. Purpur, Weiß, Braun und Rosa prägen das Bild, in dem die feingemusterte Tapete dominiert, deren kräftiges Braunrosa durch das weiße Muster aufgehellt wird. Der purpurne Filz zwischen den Deckenbalken verleiht dem Interieur Wärme. Dieselbe Farbe kommt in den Borten von Vorhang und Betthimmel, im Bettuch und in der Tonschale vor. Der weiße Musselinvorhang läßt viel Licht ins Zimmer, und das Holz der Möbel und Balken schafft einen kräftigen braunen Rahmen für die anderen Farben und Texturen.

Oben Warmes Braunrosa ist ein ausgezeichneter Hintergrund für kräftige Braun- und Rottöne. Das zugrundeliegende Braun der matten Wandfarbe wird in der dunklen Schokoladenfarbe des Vorhangstoffs, des Bilderrahmens und des Tisches mit Marmorplatte aufgegriffen. Der erdige Orangerotanteil dieses warmen Rosas findet sich in der Lampe und dem Gemälde wieder. Grün sorgt für das komplementäre Element in diesem Farbschema.

SCHARLACHROT

Das leuchtendste natürlich vorkommende Rot ohne jede Beimischung von Blau ist Scharlach, das eine frische, anregende Note in jeden Raum bringt. Diese aus Zinnoberrot- und Bleirotpigment sowie dem Insektenfarbstoff Koschenille gewonnene Farbe war einmal sehr exklusiv und wurde mehr von Kunstmalern als vom Malermeister verwendet. Heute ist sie überall erhältlich und wird wegen ihrer warmen, fast naiven Ausstrahlung mit Landhäusern, also z. B. karierten Ginghamstoffen und bunt gemusterten Quilts, assoziiert.

Dieses Rot übt schon in kleinen Mengen seinen Zauber aus, ob man einen aufsehenerregenden oder eher schlichten Akzent setzen will. So schrieb Basil Ionides 1926: »Mit Scharlach bewahrt man ein weißes, cremefarbenes oder braunes Interieur müheloser vor Langeweile als mit jeder anderen Farbe. Eine scharlachfarbene Linie am Wandpaneel oder auf den Zierleisten, ein wenig Scharlach in den Kissenbezügen oder auf den Vorhangraffhaltern – all das zeigt schon Wirkung.«

Rot und Weiß bilden eine schöne Kombination, die sich durch leuchtendes Grün, Gold und Schwarz beleben läßt. Auch die meisten kräftigen Blautöne harmonieren mit Rot, am besten aber Marineblau und alle Schattierungen von kühlerem Blaugrün und Blaugrau.

Oben Diese Illustration aus einer irakischen Handschrift (14. Jahrhundert) zeigt den Erzengel Gabriel in einer Komposition aus Scharlach und gedämpften Braun- und Lavendeltönen.

Rechts In diesem Eßzimmer eines mexikanischen Hauses bildet ein scharlachrotes Tischtuch einen dramatischen Kontrast zu den magentafarbenen Blüten in der Schale. Die warmen Holztöne und die in »schmutzigen« Erdtönen verputzte Wand mildern die strengen Linien des Mobiliars.

Oben Hier machen sorgsam gewählte Details das krasse Nebeneinander von Rot und Grün so wirkungsvoll. Die kleine Häkelgardine bildet das optische Bindeglied zwischen dem roten Fensterrahmen und dem weißgetünchten groben Putz. Kontrast bringen die grünen Tulpenblätter ins Spiel.

Links Das pulsierende Rot in diesem Wohnzimmer und Treppenhaus wurde durch das Überstreichen einer lachsrosa Ölgrundierung mit zwei Schichten Krapplack erzielt. Dasselbe Rot taucht im Schottenmuster des Sofas und des Teppichbodens wieder auf. Die in blaßgelbem Ocker lasierte Holzwand bildet einen neutralen Hintergrund. *Besitzer/Design: Annie und Lachlan Stewart*

KÜHLES ROT

Kühle rote Farbtöne, also solche mit Blauanteilen, schließen Purpur-, Himbeer- und Kirschschattierungen ein. Purpur ist (wie Scharlach) ein traditionsreicher, einst extrem kostspieliger Farbstoff. Er wurde ursprünglich aus der Purpurschnecke, später aus der Schildlaus des Kermesbaumes gewonnen. Heute liefert die Koschenille, die Schildlaus einer Opuntienart, den roten Farbstoff Karmin. Mit Weiß und Blau angeriebenes Karminpigment war die Grundsubstanz für die meisten kühlen Rot-, Rosa- und Purpurtöne, die in wohlhabenden Häusern für den Wandanstrich verwendet wurden, bis Mitte des 19. Jahrhunderts die chemische Synthese von Mauve, Magenta und Purpur gelang.

Die Verwendung der kühlen Rottöne erfordert einiges Fingerspitzengefühl, sollen sie vital wirken statt grell und hart. Die Komplementärfarbe von Purpur ist ein Gelbgrünton, mit dem es gut harmoniert, wenn dieser gedämpft wird. Dunkle und helle Purpurtöne harmonieren auch untereinander. In ein violettes Farbschema passen einige purpurne Farbtupfer; in Kombination mit warmem Gelb oder Orange wird der Blaugehalt von Purpur sichtbar, mit Blau kombiniert, zeigt es einen leichten Orangestich.

Drei Variationen in Purpur und Grün: **Oben** In dem frischen hellen Raum wurden gedämpfte Töne verwendet, um den Kontrast abzuschwächen. **Rechts** Die Farben, die der Blick in den Korridor eines Londoner Restaurants zeigt, sind viel intensiver. Der Effekt ist dramatischer, aber nicht zu stark. Ein sattes Grasgrün wurde mit einer Wandbespannung in gedämpftem Rot kombiniert, deren Moiréstruktur und goldenes Medaillonmuster die Intensität des Rots weiter abmildern. **Seite 59** In dem Schlafzimmer aus dem 18. Jahrhundert bringt das tiefe blaugraue Grün des originalen Wandanstrichs den leuchtenden Bettüberwurf besonders schön zur Geltung.

TIEFES ROT

Das satteste Rot ist die Farbe des Granats und der tiefroten Kirsche. Da es aus Purpur gewonnen wurde, war es extrem teuer, bis 1868 die synthetische Herstellung von Alizarinkrapplack gelang. In Viktorianischer Zeit mischten Maler für den Innenraumanstrich Purpur mit gebranntem Siena und Blau zu einem dunklen Kastanienbraun, das in frühen viktorianischen Räumen mit dunkelblauen und schokoladebraunen Anstrichen kombiniert wurde. Heute wird Tiefrot vorzugsweise leuchtend eingesetzt, so daß es dem früher gebräuchlichen Wurzelkrapplack ähnelt. Dieser faszinierende Farbton hat sowohl kühle als auch warme Ausprägungen und wirkt am besten als Wandfarbe oder in Kombination mit anderen kräftigen Farben und Mustern. Seine Komplementärfarbe ist Olivgrün. Im Kunstlicht tritt der warme Anteil hervor, weshalb sich Tiefrot besonders für Eß- und Gesellschaftszimmer eignet. Es ist ein komplexer Ton, der durch den Zusatz anderer Töne gewinnt und leicht zu mischen ist. Ein wenig Siena oder Umbra gebrannt macht ihn erdiger und dunkler, Umbra natur läßt ihn älter erscheinen, und mit Ultramarin wird er kälter und tendiert zu Violett.

Links Diese eklektische Sammlung fernöstlicher Stoffe und Objekte verdankt sich einer Reise nach Nepal und Nordindien. Farbe ist das einigende Band zwischen all den faszinierenden Gegenständen. Die einfarbig rot bemalte Kommode stellt einen nicht zu unterschätzenden Ruhepunkt und Blickfang dar in einem Raum, in dem sonst nur gemusterte Flächen zu entdeken sind.

Oben In diesem Eßzimmer halten sich Elfenbeinweiß und Tiefrot die Waage. Der Raum erhält nicht sehr viel Tageslicht, zeigt sich aber immer hell und einladend. Abends hat er eine warme, opulente Ausstrahlung. Die dunklen Orange- und Brauntöne im Teppich, der zinnoberrote Sessel und die braune Kaschmirtischdecke mit Paisleymuster tragen zum subtilen Farbschema bei. Eine solche Wandfarbe erzielt man mit einer hellroten Öllasurgrundierung, die sorgfältig mit einer tiefroten Öllasur überstrichen und zuletzt matt mit Umbra gefirnißt wird. *Design: Merlin Pennink*

Rechts In dieser Bibliothek ist nur der Platz über dem Kaminsims frei von Büchern. Der Seidensamt, der ihn ausfüllt, stammt von einem viktorianischen Abendkleid. Er fängt das Licht ein und setzt so das Bild und die Gegenstände auf dem Kaminsims in Szene. *Design: David Hicks*

Links Tiefrot sind in diesem Winterwohnzimmer eines großen Bauernhauses nicht die Wände, sondern die Stoffe. Die violettroten und braunpurpurnen Plüsch- und Samtbezüge wirken warm und luxuriös, die rauhverputzten Wände und der Kokosbodenbelag bilden den neutralen Hintergrund. Dunkelgrün sorgt für einen lebhaften Kontrast, und Schwarz und Gold vervollständigen das Farbschema.
Die gepolsterte Truhe ist mit mattrotem Samt, das Sofa mit viktorianischem Chintz und der Sessel am Fenster mit französischem Brokat bezogen. Die Polsterung der beiden anderen Sessel und der niedrigen breiten Fußbank im Vordergrund ist mit Samtapplikationen verziert. *Design/Antiquitäten: Andrea de Montal. Polsterarbeiten: Paul Harrison*

Oben links Die durchgängigen Wandpaneele dieses New Yorker Eßzimmers wurden geschliffen und dann tiefrot lackiert. Der violettbraune Teppichboden gibt dem Farbschema Halt, in dem die Kerzen, die Flaschenuntersetzer und die Borten der Stuhlbezüge kräftigrote Akzente setzen. Als zweite Farbe wurde für die Stuhlpolster sowie die marmorierten Decken- und Fußleisten ein Gelbbraun gewählt. *Design: Mark Hampton*

Oben rechts Tief violettbraune Wände verleihen diesem sehr großen Raum eine freundliche, intime Atmosphäre. In den Möbelbezügen, dem großen Gemälde und dem Orientteppich taucht dieselbe Farbe wieder auf, während die blaugrünen Ledersessel und der metallische Glanz der aparten silbernen Lampenschirme für einen kühlen Kontrast sorgen. *Design: Hamoush Bowler*

WEICHES ROT UND ROSA

Werden die bläulichen Rottöne gedämpft, wirken sie weniger kühl, ja mitunter fast warm und ausgebleicht. Sie können einem Interieur durchaus Eleganz verleihen, sorgen aber vor allem für Wärme und Behaglichkeit.

Leuchtende oder grelle Farben passen schlecht zu ihnen, während natürliche und neutrale Farben, wie Magnolia, Creme- und Weißtöne, für Frische und Grün für Kontrast sorgt. Auch in Kombination mit Grau- oder Brauntönen lassen sich schöne Wirkungen erzielen. Farbtupfer von Tönen aus demselben Abschnitt des Spektrums, wie Purpur, Terrakotta und Rosa, passen besonders gut zu weichen Rot- und Rosatönen, wenn ein kühles Grün hinzukommt. Diese Rottöne machen sich gut als Wandfarbe und auf Stoffen, vor allem solchen aus Baumwolle, Leinen und Taft.

Links In diesem zugleich schlichten und eleganten Schlafzimmer (Schweden, 18. Jahrhundert) nehmen karierte und gestreifte Stoffe in Rot und Weiß das Farbthema des rosa Wandfrieses auf. Die sanften Rottöne sind auf die gedämpften Holzfarben und das Blaßgrün von Wand und Stühlen abgestimmt.

Oben Dieser Teil des Saals eines englischen Landhauses wurde in einem lebhaften, handfesten Stil eingerichtet. Der Steinfliesenboden und die rauhverputzten Wände geben einen kühlen Rahmen ab, der nach kräftigen, etwas wärmeren Farben verlangt. Die Wände bekamen einen mit Umbra abgetönten Weißlasuranstrich, der ihnen eine Steinstruktur verleiht. Die Bezüge des Sessels und der Sitzbank bringen zwei Rottöne – ein weiches Rot und ein dunkles Purpur – ins Spiel, deren Wirkung durch die türkische Brücke und die roten Quadrate der Kissenbezüge verstärkt wird. Der sparsame Einsatz der Komplementärfarbe Grün rundet das Gesamtbild ab. *Design: Merlin Pennink*

Rechts Die Stoffmuster veranschaulichen exemplarisch die Sanftheit und Ausdruckskraft der weichen Rotschattierungen in Kombination mit hellen neutralen Farben und Schwarz. Selbst ganz einfache Muster bringen die Farben noch mehr zum Leben.

Links Ein bläuliches Rot ist das verbindende Element in diesem Interieur auf Gran Canaria. Wenn man sich das aufgehellte Zyklamenrosa der Wände als hellen, das Löschpapierrosa des Sofas als gedämpften und das Burgunderrot des samtbezogenen Lehnstuhls vor der Flügeltür als tiefen Wert dieses Farbtons bewußt macht, wird klar, warum alles so gut zusammenpaßt. Selbst der blaugraue Anstrich von Türbogen und Wandleisten ist leicht rosa gefärbt. In das Farbschema fügen sich auch das blasse Meergrün der Fensterläden und das silbrige Blau des Fortuny-Bezugs des anderen Stuhls ein.
Besitzer/Design: Christophe Gollut

Rechts In der Villa Lebell (Finnland) tritt im Zusammenspiel der gedämpften Graugrün- und natürlichen Holztöne ein Zartrosa als weicher Farbton hervor – besonders auffallend in der Umrahmung der Wandtäfelung und im Querbehang, aber auch in den Polsterbezügen.

BLAUROT

Ein volltoniges, intensives violettes Blaurot ist erst seit den 1860er Jahren erhältlich, als es bei der Synthese des neuen Färbemittels Fuchsin entdeckt wurde. Magenta wurde es nach der gleichnamigen Schlacht (1859) genannt. Für die hellere, weniger violette Tonstufe prägte die Modeschöpferin Elsa Schiaparelli 1935 den Ausdruck »Schockrosa«.

Um mit dieser Farbe richtig umgehen und ihre attraktivsten Eigenschaften zur Geltung bringen zu können, benötigt man einiges Fingerspitzengefühl. In kleine Mengen harmoniert sie gut mit ebenso dynamischen, sehr warmen oder grellen Farben, wie Türkis, Pfauenblau, Rotorange oder kräftigem Zitronengelb und Gelbgrün. Magenta wird mit den durchscheinenden Seidenstoffen des Fernen Ostens assoziiert, also etwa den indischen Saris.

Oben Hier heben sich bunte Kissenbezüge wirkungsvoll von einer dunklen Wandtäfelung ab. Magenta kann sich gut zwischen den anderen leuchtenden Farben behaupten.

Links Der matte indische Baumwollbezug in einem zarten Magenta harmoniert gut mit den weichen Braun-, blassen Rosa- und Orangetönen der Kissen. Der gemusterte Bezugsstoff von Stuhl und Sofakissen belebt das Ensemble mit seinem grellen Gelb und Grün, Zinnoberrot und Aquamarinblau. *Design: John Stefanidis*

Seite 68 Das kirschrote Sofa, die leuchtend rosafarbene, mit Schwarzweißdrucken geschmückte Tapete und den dunkelbraunen, fast durchsichtigen Taftvorhang ohne Borten verbindet ein gemeinsamer Farbwert. Die Polsterstoffe der Stühle aus melonenfarbener Seide bzw. bestickter scharlachroter indischer Baumwolle setzen bunte Akzente, während der feingemusterte Teppichboden Gelb, Rosa und Weiß hinzufügt. *Design: David Hicks*

VIOLETT

Diese Farbtöne variieren von intensivem Blauviolett über Lila und Violett bis zu malvenfarbenen Schattierungen von Rotviolett. Seit jeher verbindet man Violett mit Würde und Macht, im Abendland auch mit Trauer. Seit W. H. Perkin 1856 mit Mauvein den ersten Teerfarbstoff entdeckt hat, wurde Mauve eine beliebte Farbe des 19. Jahrhunderts.

Wegen seiner Intensität ist Rotviolett in kleinen Mengen, etwa auf Stoffen oder Gegenständen, sehr wirkungsvoll. Auf großen Flächen kann man die helleren Tonwerte von Mauve, Violett und Lila verwenden; sie passen gut zu Grünschattierungen. Da es nur wenige natürlich vorkommende violette Pigmente gibt, werden die Farben zumeist aus Rot und Blau gemischt. Die besten Ergebnisse versprechen die mit warmen Blautönen gemischten blaustichigen Rottöne. Kühle Ausgangsfarben ergeben ein bräunliches Violett.

Links In einer Küche überrascht Violett. Aber hier wirkt es frisch, sauber und funktional – ein Effekt, der durch das strahlendweiße Porzellan und andere Details noch unterstrichen wird. Die Kacheln sind in harmonisch abgestuften warmen und kühlen Mauve- und Violettönen gehalten.

Oben Antike und moderne Elemente in einem einfach eingerichteten Schlafzimmer in Connecticut. Auffallend sind die violette Textiltapete an Wänden und Decke und der lackierte tonnenförmige Tisch. So selten Violett – vor allem in Schlafzimmern – als Hauptfarbe ist, so frisch mutet es hier an. *Design: John Saladino*

Rechts Im »Justice Room« in Sir Sacheverell Sitwells Haus kommt die reichhaltige Sammlung von Möbeln und Kunstgegenständen vor dem ruhigen blaßvioletten Hintergrund gut zur Geltung: zwei schwarze Lackschränkchen vor kunstvoll gearbeiteten Spiegeln, ein Glassturz mit ausgestopften Vögeln sowie Statuetten und gerahmte Bilder. Die weißgestrichene Tür mit ihren ungewöhnlichen roten Glasscheiben kontrastiert mit der blaßvioletten Tapete und ihrer schmucken, schwarz eingefaßten Blumenborte. Das strenge, durch die vergoldeten Beschläge betonte Schwarz schafft den Ausgleich zu dem roten Glas, während das Weiß das Violett mildert und fein ergänzt.

Links An diesem Beispiel ist schön zu sehen, wie kleine Mengen kräftiger Farben vor einem neutralen Hintergrund Wirkung entfalten. Hier finden sie sich aber einmal nicht auf dauerhaften Bestandteilen der Einrichtung, sondern auf jederzeit auswechselbaren Gegenständen wie Schals, Kleidern und Blumen in verschiedenen Blaurotschattierungen, von Pflaumenblau über Magenta und Rotviolett bis zu Karmin.

Links Das warme Rotviolett des Küchenschranks, der in dieser Küche den Blickfang bildet, eignet sich hervorragend zur Präsentation einer Porzellan- und Gläsersammlung. Zusammen mit der bräunlichgelben Teedose, dem grünen Tablett und den grünen Gläsern bildet es einen verteilten Komplementärkontrast. Die silbergrauen Zinnteller lassen das Rotviolett leuchtender erscheinen; die warmen Holztöne von Tisch, Stühlen und Bodendielen bringen seinen Rotanteil hervor.

Rechts Ein raffiniertes Farbschema prägt das Dachbodenschlafzimmer einer Wohnung in Rom: Das eindrucksvolle Bett vor der blaßgrünen piemontesischen Wandtäfelung aus dem 18. Jahrhundert ist mit malvenfarbig gemustertem Toile de Jouy bezogen. Beide Farben finden sich in dem Aubusson-Teppich wieder, dessen blauer Grund den dunkelsten Akzent im Raum setzt. Die hellgestrichenen rohen Balken tragen wesentlich zu der Atmosphäre von Schlichtheit, Luxus und Intimität bei. *Design: Karl Lagerfeld*

BLAU

WARMES BLAU

Diese intensiven, starken Blautöne sind gesättigte Farben. Sie sind also weder mit Weiß aufgehellt noch mit dem komplementären Umbra gedämpft.

Das natürliche Ultramarinpigment wurde ursprünglich aus dem Halbedelstein Lapislazuli hergestellt, der im 12. Jahrhundert nach Europa kam. Es war jedoch so kostbar, daß es zunächst nur Kunstmaler verwendeten. Ab 1828 war dann ein künstliches

Oben Für ihre Sammlung viktorianischer Gebrauchskunst haben Charles und Lavinia Handley-Read einen intensiv blauen Hintergrund gewählt, von dem sich Kacheln und Teller klar abheben und der ein Gegengewicht zu der prägnant gemusterten, typisch viktorianischen Tapete bildet.

Links Das volltonige Blau dieser Treppe in Jodhpur, Nordwestindien, wird durch das kräftige, aber gedämpfte Blaugrün der Tür unterstrichen.

Seite 76 Für die Diele dieses Hauses in der irischen Grafschaft Donegal wurde ein aufregender Blauton gewählt. Er wurde aus »Reckitt's Blue«, einem blauen Waschpulverzusatz, und Tünche gemischt, und die Mischung wurde direkt auf den Verputz aufgetragen, um eine unregelmäßige körnige Oberfläche zu erzielen. Darüber kam ein zweiter Anstrich im selben Farbton, aber mit einer lichtbeständigeren Acrylfarbe. Weiß setzt Akzente, die das Blau noch vibrierender erscheinen lassen. *Design: Derek Hill*

Ultramarin erhältlich, das aber wohl erst seit Mitte des 19. Jahrhunderts als Wandfarbe verwendet wurde. Auch das etwas weniger rote Kobaltblau ist eine Entdeckung des frühen 19. Jahrhunderts.

Diese Blautöne empfehlen sich wegen ihrer Tiefe für die Wände kleiner dunkler Räume. In größeren Räumen sollten die blauen Wandflächen durch Bilder und verzierte Spiegel aufgelockert werden. Andernfalls wirken sie zu massiv. Gute Wirkungen erzielt man durch die Kombination mit Weiß, Gold und Gelb sowie kräftigen Rot- oder Orangetönen.

Rechts Zur Ausmalung dieser Wandnische diente eine Mischung aus Ultramarin und Kobaltblau, die eine effektvolle Hintergrundfarbe für eine Sammlung von blau-weißem Porzellan abgibt. *Design: Annie Sloan*

Unten Die intensiv braunen, glatten Terrakottakrüge machen sich wunderbar vor dem tiefen Blau der rauhen Wandflächen. Die beiden kräftigen, klaren Farben bilden für sich allein eine ausdrucksstarke Komposition.

Oben Dieser Ausschnitt aus dem mit Fresken bemalten Portikus von Schloß Charlottenhof in Potsdam (Architektur: Karl Friedrich Schinkel) zeigt den Einfluß klassischer Farben und Formen auf die europäische Architektur zu Beginn des 19. Jahrhunderts. In Anlehnung an die Gestaltung einer Wand in Pompeji wird das satte, warme Blau der Täfelung durch den gleichwertigen Rotton des Randstreifens betont. Eine solch lichte Farbe ließe sich durch ein mit Eigelb gebundenes Kobaltblaupigment auf leuchtendweißem Gessogrund erzielen, der wie eine Hintergrundbeleuchtung die Farbe aufhellt, ohne daß sie an Intensität einbüßt.

Links Kräftiges reines Blau sorgt in diesem modernen Treppenhaus mit seinen strengen geometrischen Linien und kalten weißen Flächen für eine weiche Note. Im rötlichen Braun des Ziegelsteingewölbes und -fußbodens findet es eine komplementäre Ergänzung.

WARMES DUNKELBLAU

Diese weichen, tiefen und manchmal leuchtkräftigen Blautöne erinnern an die Farbe des nächtlichen Himmels. Sie sind zu gedämpft, um strahlend zu wirken, aber doch kraftvoll und auf Grund ihres kleinen Rotanteils warm. Ihre Kraft und ihre Tiefe erinnern an die alte Farbe, deren Pigment aus den Blättern der Indigopflanze gewonnen wurde. Die Römer nannten diesen Farbstoff *color indicus* (»indische Farbe«), und tatsächlich stammte ein Großteil des Indigos, der seit dem 18. Jahrhundert nach Europa importiert wurde, aus diesem fernen Land. Im 19. Jahrhundert schuf William Morris für seine Stoffe und Tapeten mit Indigo und anderen pflanzlichen Farbstoffen eine breite Palette von Blautönen, darunter auch ein tiefes, warmes Blau.

Dieses Blau, dessen Komplementärfarbe ein tiefes Orange ist, kann als Hintergrundfarbe für andere kräftige Farben dienen. So verleiht es z.B. Rottönen besonderen Glanz, während Weiß für einen frischen Kontrast sorgt. Brillanz bekommen Indigoschattierungen durch leuchtendere, hellere und grellere Farben.

Oben Das Deckengewölbe über der Wendeltreppe in dieser umgebauten Kirche wurde dunkelblau bemalt und mit weißen Sternen gesprenkelt. Das tiefe Blau erweckt die Illusion eines unendlich weiten Nachthimmels. Ein schmaler Zierstreifen im komplementären Orange verstärkt diese Wirkung. *Design: Roy Grant*

Links Die tiefblau gestreifte Tapete ist in diesem Wohnzimmer der geeignete Hintergrund für die warmen, strahlenden Rot- und Orangetöne der Stoffe. Dieses Blau hat nichts von der Kühle verschiedener anderer Blautöne. Hier wurde sein warmer Grundton durch bewußte Farbwahl wirksam zum Vorschein gebracht. *Design: David Hicks*

Seite 80 Die schmucklosen Wände in diesem schwedischen Bauernhaus sind in einem tiefen rotstichigen Blau gehalten, das die beiden Räume verbindet und die weißlasierten Dielen und gelben Läufer bestens zur Geltung bringt.

Oben links Ein klares, sanftes Blau ohne eine Spur von Grün sorgt hier zusammen mit der Struktur der getäfelten Wände und den Armaturen für Frische und Helligkeit. *Design: Piers von Westenholz*

Oben rechts Große Bereiche dieses Schlafzimmers sind ganz ohne (bunte) Farben. Und doch wirkt es dank der »vorkommenden« warmen Rot- und Blautöne freundlich. Das Blau der Bettgestelle enthält die richtige Menge Weiß, so daß es weder zu dunkel noch zu blaß wirkt. Das lebhafte Blau und Rot des Gemäldes sind die Ankerpunkte dieses subtilen Farbschemas.

Rechts Die blaßblauen Bezüge lassen das geräumige Landhauswohnzimmer leicht und sommerlich wirken. Für Kontrast sorgen die sanften, warmen Brauntöne des Backsteinbodens und der Eichenbalken. *Design: John Stefanidis*

WARMES HELLBLAU

Wie Hyazinthen, Glockenblumen und Kornblumen strahlen die warmen Hellblautöne Freundlichkeit, Ruhe und Entspanntheit aus. Sie harmonieren mit zahlreichen anderen Farben, wie der Komplementärfarbe Orange, Terrakotta-, Gelb-, Rot- und Lilatönen. Ein Grün desselben Tonwerts schafft einen starken Kontrast, während Weiß eine ausgezeichnete Ergänzung darstellt. Die warmen Hellblautöne sind äußerst wandlungs- und anpassungsfähig, so daß sie sich für Häuser und Einrichtungen der verschiedensten Stile und Epochen und für Räume jedweder Funktion eignen.

Sie werden aus Kobaltblau oder Ultramarin und Weiß gemischt. Die Mischung mit Kobaltblau ergibt die reinste und intensivste Schattierung dieser Farbengruppe. Mengt man etwas komplementäre Umbra bei, ist das Ergebnis kühler und wolkiger.

Oben Blau und Weiß passen immer gut zusammen. Die ausgebleichten Fensterläden von Schloß Charlottenhof in Potsdam haben dank ihres schlichten Designs und des Tonwertkontrastes von gedämpftem Blau und kreidigem Weiß ihre charakteristische Eigenart behalten.

Links Die Besitzer eines Hauses in London wählten diese Wandfarbe, weil sie gelesen hatten, daß Küchen im 18. Jahrhundert blau gestrichen wurden, um Fliegen fernzuhalten. Das Farbschema enthält die drei Grundfarben, die sich bekanntlich gegenseitig verdrängen, wenn sie denselben Tonwert haben. Hier sind die Blautöne weich, die Rottöne bräunlich, und im Schottenmuster der Kacheln um den alten Kohleofen kommt ein bißchen Hellgelb ins Spiel.
Das klare Blau auf der rauhverputzten Wand kam zustande, indem auf eine mattweiße Ölgrundierung eine transparente kobaltblaue Öllasur aufgebracht und abschließend matt gefirnißt wurde. *Besitzer/Design: Annie und Lachlan Stewart*

Oben In diesem irischen Schlafzimmer kontrastiert das weiche gebrochene Blau der Wand mit dem reflektierenden Weiß von Kamin, Wandtäfelung, Decke und Sessel. Die Wirkung ist freundlich und entspannend. Die Rottöne des Gemäldes, der Sesselhousse und der Mahagonikommode geben dem Raum eine warme Note.

Das gedämpfte Blau erzielt man durch eine Mischung von Kobaltblau und Weiß, das mit Umbra natur oder Umbra gebrannt abgetönt wurde.

Rechts Ganz unterschiedliche Bunttöne können sehr harmonisch zusammenwirken. Das Farbschema in diesem Schlafzimmer verbindet Blau, Grün und Rosa in jeweils fast demselben Tonwert. Dafür wurden pulvrige Pigmente aus Marokko mit Milch zu einer dünnflüssigen Tünche angerührt, die auf eine weiße Grundierung aufgetragen wurde, um den zarten Dunsteffekt zu erzielen. *Künstlerische Gestaltung: Amanda Feilding*

LEUCHTENDES BLAU

An das reine, klare Blau eines wolkenlosen Sommertages erinnern die leuchtenden Blautöne, die sich durch Tiefe und Intensität auszeichnen und in der Innenarchitektur schon seit langem Verwendung finden. So wurden im frühen 16. Jahrhundert mit Vorliebe Decken leuchtend blau gestrichen. In den 1620er Jahren ließ Madame de Rambouillet ihr berühmtes »Blaues Zimmer« in Paris vollständig in diesem Farbton einrichten: Die goldgemusterten Samtdraperien, die Stühle, der Tischüberwurf, der Wandanstrich – alles war leuchtend blau. Ähnlich prunkvoll wirkte das lebhafte Blau im Eßzimmer von Ham House bei Richmond (um 1640).

Zu leuchtendem Blau passen gut Orange, mittlere Grüntöne, neutrale Farben und die Töne von Naturmaterialien; goldene Ornamente verstärken seine Leuchtkraft noch.

Oben Dieser Blick auf ein Detail eines Hauses in Oyster Bay bei New York beweist, wie gut verschiedene Blautöne harmonieren können. Vor dem kräftigen blaugrünen Hintergrund stehen eine leuchtendblaue Bank und eine graublaue Pferdeplastik. Da alle Farben den gleichen Tonwert haben, wirkt ihr Zusammenspiel harmonisch. *Design: Barry Ferguson*

Rechts In einem alten schwedischen Bauernhaus wurden drei verschiedene leuchtende Blautöne mit einer goldfarbenen Fichtenholztreppe kombiniert. Für den Anstrich von rauhverputzten Wänden benötigt man eine Mischung aus Ultramarin- und Cölinblaupigmenten mit Öl, Terpentin und Zinkweiß. *Besitzerin/Design: Yvonne Schmitterlöw*

Seite 87 Eine Illustration in Leloires Richelieu-Biographie gab den Anstoß zu diesem phantastischen Interieur, in dem goldene Dekorationen das Gegengewicht zu dem dominanten leuchtenden Blau bilden. Konterkarierend wirken auch die blau-weiße Bettdecke und das strenge Muster der Bodenfliesen. Das Goldgelb des Kopfteils des Bettes wird in den etwas erdigeren Tönen des großen Stillebens und in der Deckenfarbe aufgegriffen.

KÜHLES DUNKELBLAU

Sehr dunkel und etwas grünlich ist dieser prägnante Farbton, den man oft mit Uniformen, beispielsweise denen der Kavallerie, assoziiert.

Seine Grundlage ist Preußischblau (ein Eisenzyanpigment), das erste synthetisch hergestellte Pigment. 1704 von einem Berliner Chemiker namens Diesbach zufällig entdeckt, wurde es erst ab 1724 in großer Menge produziert.

Man kennt diese Farbe auch aus der modernen Malerei. So setzte Georges Braque kühles Dunkelblau gegen satte rotbraune Töne, und Pablo Picasso schuf damit in seiner »Blauen Periode« Bilder, die melancholische, introspektive Stimmungen ausstrahlen.

Kühles Dunkelblau eignet sich für Kombinationen mit Orange, Rot, Rosa, Gelb und Terrakotta. Besonders gefällig ist dieser Farbton zusammen mit Weiß oder mit goldenen bzw. vergoldeten Dekorelementen. Auf einem extrem dunklen, tiefen, kühlen Blau setzen knallbunte Tupfer von Rosa, Gelbgrün und Türkis aufsehenerregende Akzente.

Oben Dunkelblau und Weiß auf einem chinesischen Porzellanteller des 14. Jahrhunderts.

Links Einen Farbwechsel von einem Raum zum anderen kann man unterschiedlich handhaben. Hier leiten dunkle grünliche Blautöne zu den helleren verwandten Tonwerten im Flur über. Der dunkelblaue Türrahmen mit dem etwas helleren Dunkelblau der Wandpaneele daneben lenkt den Blick auf die helleren Farben im Flur.

Seite 88 Das Zeltzimmer (1829/30) in Schloß Charlottenhof ist im napoleonischen Militärstil gehalten. Kühles Dunkelblau hebt sich hier klar von Weiß ab – mit äußerst eleganter Wirkung. Die baumwollbezogenen Feldstühle und -betten finden eine Entsprechung in der passenden Tapete und Decke in Zeltdachform. Warm und hell im Ton sowie ganz anders in der Textur, ergänzt der einfache Dielenboden das Ensemble. Die kräftigen Streifen und die Konturen der Stoffbahnen verleihen dem Raum Tiefe und Weite.

Oben Bedruckte und gemusterte Stoffe in Blau-, Creme- und Goldtönen.

Links In diesem Eßzimmer spielen Farbe und Design eine gleich große Rolle. Kühlblaue Wandflächen kontrastieren mit einer cremefarbenen Täfelung und Decke. Ein Gegengewicht zu diesen kühlen Tönen bildet eine breite vergoldete Zierleiste zusammen mit den warmen Naturtönen von Tisch und Parkettboden.

Rechts Der formaler eingerichtete Salon eines Hauses in Edgewater nahe dem Hudson River: Hier kontrastieren dunkelblaue Polsterbezüge, graue Wände und in Steintextur bemalte Paneele mit dem tiefen, warmen Rotton des Holzes. Die Eleganz der Sitzmöbel aus dem französischen Empire wird durch das blaue und goldgelbe napoleonische Bienenmuster der Bezüge betont. In diesen Farben sind auch die Porzellanteller gehalten.

GRAUBLAU

Subtil, fein und exquisit sind die graublauen Farben, von denen einige leicht grün getönt sind. Sie sind charakteristisch für einen Einrichtungsstil, der durch zurückhaltende Eleganz, Charme und Luftigkeit geprägt ist, und haben eine lange Tradition als Farben für innen und außen.

Vielfach werden sie mit dem Williamsburg des 17. Jahrhunderts, einer typischen Kolonialstadt in Virginia, assoziiert. Williamsburg, heute als Historischer Nationalpark ein vielbesuchter Touristenort, vermittelt einen Eindruck davon, wie beliebt Graublau damals als Wand- und Möbelfarbe war. Hundert Jahre später sind Graublautöne in schlichten wie gehobenen Interieurs in Schweden zu finden. Die wohl berühmteste Farbe, die der klassizistische Töpfer Josiah Wedgwood entwickelt hat, ist ein klares Graublau, das heute noch Wedgwoodblau genannt wird.

Oben Die helle blaugraue Tapete mit dem etwas dunkleren blauen Muster gibt einen exzellenten Rahmen für dieses exklusive Bad ab. Mit ihren gedämpften Farben paßt sie gut zu den Orangetönen des Bildes und der Stoffe und liefert das farbliche Bindeglied zu dem mit blauer Wasserfarbe handbemalten Waschtisch und dem leuchtend kobaltblau gemusterten Porzellan.

Links Das stumpfe Blaugrau der Wände dieses ländlichen englischen Wohnzimmers ist ein Wedgwoodblau. Man erhält diese Farbe, wenn man Weiß mit Kobaltblau mischt und mit ein wenig Umbra gebrannt abtönt.

Seite 92 Die Paneele im Eßzimmer eines georgianischen Hauses sind mit blasser nilgrüner (wasserlöslicher) Emulsion getüncht, die mit kräftigem Blau und wenig Umbra abgetönt wurde. Das dunkle Türkis der seidenen Stuhlpolster und die kräftigen Rot- und Blautöne der bestickten Tischdecke halten das Farbschema zusammen. Die Karamel- und Brauntöne der Aquarelltextilbilder (19. Jahrhundert) finden sich in den eichenen Deckenbalken wieder. *Design/Antiquitäten: Andrea de Montal. Ausführung: Josephine Hensser*

Farbzusammenstellungen, die auf Graublau oder auch einer grünlichen Variante dieser Farbe basieren, wirken im allgemeinen fein und hellen Interieurs auf. Solche subtilen Farbschemata hält man am besten betont schlicht. Dann ergeben sich beispielsweise mit Weiß-, Creme-, Austern- und Terrakottatönen harmonische Kombinationen, die als Akzente kräftigere Blau- und Grüntöne sowie vielleicht einen Tupfer Korallenrot vertragen.

Besonders gut macht sich ein Graublauschema mit natürlichen Holztönen, deren warme Orangeschattierungen durch den Blauanteil des Schemas erst richtig zur Geltung kommen. Graublau oder grünliches Graublau kann auch als fast neutrale Hintergrundfarbe für bunte Farbtupfer, beispielsweise in lebhaftem Rot oder Orange, dienen.

Oben Farbe wurde in diesem Eßzimmer eines neuenglischen Hauses aus dem 18. Jahrhundert sparsam eingesetzt. Neben Weiß- und Holztönen kommt nur das tiefe grünliche Blaugrau der Fensterrahmen vor, das an die stahlgrauen antiken französischen Metallstühle anknüpft. Diese Farbakzente verleihen dem sonst eher kühlen Interieur Wärme.

Rechts Unser Auge reagiert auch auf schwächste Farbtöne, wenn sie mit ihrer Komplementärfarbe auftreten. Der helle, warme orange Braunton des Holzbodens und der verschalten Wand bringt das Blaugrau des gebeizten Schrankes erst zur Geltung.

Seite 95 Schlicht-elegant wirkt das Graublau der Wände in diesem schwedischen Sommergästehaus. Das gardinenlose Fenster läßt ein Maximum an Licht herein, das auf einen nackten weißlasierten Holzboden und kühlweiß gestrichene Stühle fällt. Für kleine Farbakzente sorgen die gestreiften Polsterbezüge.

GRÜNBLAU

Die kühlen, vornehmen Grünblautöne erinnern an die Farbe tropischer Meere oder an zartgetönte Vogeleier. Zwischen Grün und Blau schwankend, haftet ihnen etwas Unentschiedenes an. Meist sind sie eher blaß, doch können sie auch die Intensität von Türkis haben, die gemildert wird, wenn man sie mit Siena gebrannt oder mit Umbra abtönt. Werden sie in fast transparenter Qualität verwendet, verleihen sie einem Raum Luftigkeit. Die gedämpfteren, matten oder graustichigen Töne lassen an historische Interieurs denken.

In der Kolonialstadt Williamsburg, Virginia, trifft man an vielen Stellen auf ein blasses grünliches Blau (das sog. Apothekerblau) in Kombination mit Blaßrosa, talgigem Gold und Zinngrau. In den 20er Jahren des 19. Jahrhunderts verwendete Karl Friedrich Schinkel im Wohnzimmer von Schloß Charlottenhof ein edles Grünblau für das Erlenholzsofa und die Wände.

Oben Dieses einfache Dachzimmer wurde in einem hellen Grünblau gestrichen. Die helleren Partien auf dem Einbauschrank bringen Tiefe und Weite in den Raum. Holzregal, hölzerne Verschalung und der gefirnißte Rauhputz der Vitrinenwand schaffen mit ihren warmen Tönen und rauhen Oberflächen ein Gegengewicht zu der kühlen, glatten Wand.

Rechts Klar und modern präsentiert sich dieses Eßzimmer mit seinen kühlen, aber lebhaften grünblauen Wänden und dem Teppich in warmem Orangerot. Das Dunkelgrün von Tür und Fenster und die blauen Sofakissen »erden« die Farbkomposition.

Seite 97 In diesem Londoner Wohnzimmer wurden die Wände als Hintergrund für die rötliche Kupferverkleidung des Kamins in einem kühlen Grünblau gestrichen. Die vier Tonwerte der Farbe – der hellste an der Decke, der dunkelste in den Kassetteneinfassungen des Wandschranks – finden ihre Entsprechung im Teppich und im mittelgrünen Sofa.

Wie wir diese Farbtöne wahrnehmen, hängt entscheidend von den anderen verwendeten Farben ab: Die benachbarten Orange- und Brauntöne betonen stärker die Blaukomponente dieser Mischfarben, Rot und Rosa ihren Grünanteil. Als kühle Farbe wirkt Grünblau meist gut in Verbindung mit wärmeren Farben, wie beispielsweise Zartrosa, Terrakotta und einem intensiven rötlichen Braun.

Oben Das holzgetäfelte vorhanglose Eßzimmer in einem Londoner Haus (18. Jahrhundert) mit Sicht auf Clapham Common erstrahlt in luftiger, stilechter Eleganz. Für das blasse Grünblau der Wände standen die Raumfarben der historischen Gebäude von Williamsburg in Virginia Pate. Der Anstrich bis zur Deckenleiste betont die Raumhöhe. *Design: Miranda Humphries*

Links und Seite 98 In diesem Eßzimmer fanden Leinwandpaneele Verwendung, die Rex Whistler 1937 für eine Londoner Wohnung geschaffen hat. Die Grisaille-Malerei ahmt die weichen Abstufungen der Grautöne eines Mezzotintodruckes nach. Glänzendes Silbergeschirr und -besteck sorgen für texturalen Kontrast. In das komplexe monochrome Dekorschema bringen Stuhllehnen und Tischtuch ein willkommenes Farbelement ein. *Design: David Hicks*

Oben Zu schönen Farbkompositionen inspirieren mitunter faszinierende Vorbilder aus der Natur. Diese Amseleier sind braunrot gesprenkelt, also in der Komplementärfarbe zum Grundton Grünblau.

GRÜN

Rechts Die getäfelten Wände im oberen Flur des Herrenhauses Dorney Court (Tudorzeit) sind in einem tiefen Türkis gestrichen worden, auf dem die Bilder sehr schön stehen und das einen angenehmen Kontrast zu dem rötlichen alten Holz und dem terrakottaroten Rand des Blumenpaneels bildet.

Unten Ähnlich in Farben, Strukturen und Materialien präsentiert sich das einstige Wohnhaus Abraham Lincolns in Mount Vernon, Virginia. Wie ein massiver Block setzt sich das kräftige Türkis der Tür gegen die weißen Wände und den Holzfußboden ab. In einem helleren Tonwert derselben Farbe gestrichen, verbindet die Öllampe mit Spiegel die beiden Hauptfarben des Raums, Weiß und Türkis.

BLAUGRÜN

Die Mischungen aus Blau und Grün dekken einen größeren Teil des Spektrums ab als alle anderen Mischfarben. Die intensivsten Farbtöne dieser Gruppe bezeichnet man gewöhnlich als Türkis, wobei sich darüber streiten läßt, ob man mit dieser Bezeichnung eher einen Blau- oder einen Grünton meint. Der gleichnamige Edelstein, den einst die Ägypter aus dem Sinai importierten und der heute vor allem in den US-Staaten Nevada und Colorado erzeugt wird, gibt dafür kaum Anhaltspunkte, da er je nach Qualität mehr blau oder mehr grün getönt ist.

Die blaugrünen Farben werden allgemein mit den alten Kulturen Perus, Tibets, Ägyptens und Persiens assoziiert, wo man sie auf Wandgemälden, Teppichen, Kerami-

Oben Stoffe in hellen Farben (hier Türkis und Orangerot) und mit kräftiger Struktur können einen Raum beleben und ihm Glanz verleihen.

Links In diesem kleinen Raum wird die antike arabische und persische Keramik durch die weißen Flächen und den Wandanstrich in Gelborange hervorgehoben. Die Rotkomponenten lassen dieses Farbschema sehr anheimelnd wirken. In Persien und anderen extrem trockenen Ländern, wo man Wasser vom Meer in die Wüsten transportieren mußte, wurde viel mit Türkis gearbeitet, einer Farbe, die an Wasser und den Himmel erinnert. *Design: Hamoush Bowler*

Unten Der matte blaugrüne Anstrich dieses Eßzimmers in den Cotswold Hills (westlich von Oxford) wurde mit einer traditionellen Kalktünche erzielt: Ein Kalkverputz wird zuerst mit weißer Tünche grundiert. Dann folgt der zweite Anstrich mit einer Mischung aus reinen Farbpigmenten und gelöschtem Kalk. Das Ergebnis ist eine frische, klare Wandfarbe. *Architektur: Andrew Townsend*

ken und dekorativen Objekten findet. Zusammen mit tiefem Rot oder Blau, mit Weiß, Orange, lichtem Ocker, Rostbraun und manchmal Mauve und Kastanienbraun bilden sie dabei effektvolle, abgerundete Farbkombinationen.

In Anlehnung an persische Farbgebungen verwendete Ende des 19. Jahrhunderts der Arts-and-Crafts-Töpfer William de Morgan in vielen seiner Arbeiten Türkis, meist zusammen mit tiefen Blau- und Grüntönen. In Art-déco- und Jugendstil-Interieurs wurden blasse, neutrale Farben wie Weiß, Creme und Beige gern mit Farbtupfern von hellem Blaugrün oder Türkis neben warmen Gelb-, Orange- und manchmal auch Gelbgrüntönen kombiniert. Blaugrün-Orange-Kontraste waren auch in den 60er Jahren des 20. Jahrhunderts beliebt. Einfacher und subtiler wirken Kombinationen aus blassem Blaugrün und neutralen Farben oder den unbunten Farben Schwarz und Weiß.

Türkispigmente sind nach wie vor kostspielig, aber dieser Farbton kann auch problemlos aus einem Blaugrün, wie beispielsweise Phthalocyanin, sowie Cölinblau und ein wenig Weiß gemischt werden.

Unten Ein eindrucksvoller Lehnstuhl in der Ecke eines neugestalteten Londoner Eßzimmers: Das Blaugrün des in sich gemusterten Baumwollstoffs harmoniert schön mit der stumpfen Variante derselben Farbe im Wandgemälde. Die rauhe Oberfläche und das schmutzige Rosa des hundert Jahre alten Originalverputzes dämpfen die frisch aufgetragenen Farben und verleihen der klassischen Komposition ein antikes Flair. *Design: Diana Nicol*

Oben In vielen Räumen setzen die Wände den dominierenden Farbakzent. Anders hier, wo die Tapete in einem neutralen Ton gehalten ist und die Farbgebung von Möbeln und Stoffen bestimmt wird. Zarte Blaugrüntöne herrschen vor: Sie finden sich im Sofabezug, in den Tellerrändern, den Tischlampen und den Passepartouts der Bilder. Diesen hellen, kühlen Tönen stehen das dunkle, volle, leuchtende Rot und Braun des Teppichs, der Kissenbezüge und der Holztischchen gegenüber. *Design: Merlin Pennink*

DUNKELGRÜN

Ein tiefes, gedämpftes Grün, umgangssprachlich auch Jäger- oder Flaschengrün genannt, ist die Farbe von Stechpalme, Efeu und Tanne. Als Malfarbe hat es eine lange Tradition. Dunkelgrüne Ölfarbe wurde bis zum 18. Jahrhundert wahrscheinlich aus Grünspan, Leimfarbe aus Grünerde hergestellt. Beide Töne haben einen Stich ins Blaue. Grünspan dunkelt mit der Zeit sehr nach, so daß original grün bemalte Wandpaneele aus dem frühen 18. Jahrhundert heute dunkel verfärbt sind.

Im 17. Jahrhundert wurden dunkelgrüne Flächen manchmal mit vergoldeten oder Echtgoldverzierungen versehen, in Viktorianischer Zeit wurde Dunkelgrün unter der Bezeichnung »Braunschweiger Grün« gern mit anderen gedämpften Farben kombiniert und sehr viel verwendet.

Dunkle Grüntöne schaffen als Wandanstrich eine dramatische Raumatmosphäre, vor allem mit einem matten oder seidenmatten Deckanstrich. Die Wand muß aber gut beleuchtet sein, damit das Grün nicht schwarz wirkt.

Zur Kombination eignen sich am besten Scharlach-, Purpur- und Orangerot sowie ein bräunliches, »schmutziges« Rosa, aber auch blasses und tiefes Gelb sowie leuchtendes Blau.

Links In dem kleinen Kellerraum sollte ein prächtiges »gotisches« Ambiente geschaffen werden. Für Decke und Wände wurde ein dunkelgrüner Ton gewählt, der entstand, indem dunkelgrüne und kobaltblaue Öllasur in dünnen Schichten auf eine helle aprikosenfarbene Öllasurgrundierung aufgetragen wurde. Den Abschluß bilden zwei Lasurschichten Preußischblau bzw. Indigo.
Das Muster des Wandfrieses (**oben**) wurde mit einer scharfen Klinge aus der Grundierung herausgearbeitet. Die Bogen am unteren Rand wurden in gelbem Ocker lasiert und dann mit Leimfarbe bemalt. Dunkelgrüne, rote und ockerfarbene Streifen schmücken Fries und Türrahmen. Weiches, warmes Kerzenlicht läßt die Wände tintig wirken, was dem Raum etwas Geheimnisvolles gibt, und bringt den Fries zum Leuchten, weil es seine Farben enthüllt. *Künstlerische Gestaltung: Lucy Spagnol*

Rechts Das dunkle Blaugrün des stoffbezogenen Kopfteils, des antiken französischen Quilts, des italienischen Stuhls und der hohen Etagere verbindet sich hier mit Weiß- und Cremetönen zu einem raffinierten, frischen Farbschema. Das Licht fällt gefiltert ins Zimmer und mildert so die Kontraste. *Design: Diana Griffin-Strauss*

Graugrün

Unten Das Gardner-Pingree-Haus in Salem, Massachusetts, 1804 bis 1806 von dem Architekten Samuel McIntyre erbaut, wurde als hervorragendes Beispiel für den amerikanischen Kolonialstil originalgetreu restauriert. Das blasse Graugrün der Täfelung harmoniert mit dem blassen Rosa des Wandanstrichs und gibt einen hellen, zurückhaltenden Hintergrund für den dunkelblau-weiß karierten Bettvorhang ab.

Graugrün sind die Weide, die silbrige Seite des Olivenblattes und die unverwechselbare Glasur jenes chinesischen Porzellans, das zuerst in der Song-Zeit (10.–13. Jahrhundert nach Christus) hergestellt wurde. Farbe und Glasur werden Seladongrün genannt, wohl nach dem bleichgesichtigen Hirten Céladon aus Honoré d'Urfés Schäferroman *L'Astrée*, der grüne Kleider trägt. Seladongrün fällt ganz verschieden aus – von einem durchsichtigen Oliv bis zu einem milchigen Meergrün. Vielfach erinnert der Farbton auch an Jade. Heute versteht man unter Seladongrün allgemein ein blasses, gräuliches Grün.

Graugrüntöne waren im 18. Jahrhundert zu beiden Seiten des Atlantiks beliebt. Es sind weiche, kühle und gedämpfte Farben, die gut zu allen Naturtönen, wie Braun, Ocker und Creme, passen und sich als Hintergrund für kräftige Orange-, Rotviolett- und Pfauenblautöne oder zu ihren Komplementärfarben schmutziges Rosa oder Purpur eignen.

Unten Die Tapete in diesem Schlafzimmer in Manhattan ist mit chinesischen Motiven gemustert: Auf seladongrünem Hintergrund (**rechts** Keramik in diesem Farbton) finden sich Pfingstrosen in Grisaille-Malerei sowie wenige bunte Vögel und Schmetterlinge. Als Stoffe wurden graugrüne Ripsseide sowie antike und moderne Spitze und Leinen in gebrochenem Weiß gewählt. Glas und Silber und weiße Möbel und Lampenschirme vervollständigen das stilvolle Interieur. *Design: Mark Hampton*

LEUCHTENDES GRÜN

In diesem intensiven Farbton leuchten Smaragde, Äpfel und frisches Gras. Im 17. und frühen 18. Jahrhundert wurde leuchtendes, lebhaftes Grün gern für Bett- und Fenstervorhänge sowie andere Draperien gewählt.

Seine weitere Verwendung ist eng mit der Entdeckung von Chromgelb verbunden, das seit Ende des 18. Jahrhunderts produziert wird und die ersten lichtbeständigen leuchtenden Grüntöne hervorbrachte. Es überrascht daher nicht, daß deren große Zeit das Empire war. Napoleon definierte damals den Ton »Empiregrün« per Dekret und bevorzugte ihn für seine Prunksäle, gern in starkem Kontrast zu Weiß und Gold.

Leuchtendes Grün harmoniert außerdem mit lebhaften Gelb-, Ocker- und Goldtönen sowie blassen und dunklen Schattierungen von Grünblau. Stumpfe Purpur- und Rosatöne sorgen für weiche Kontraste.

Oben Durch großflächig eingesetztes leuchtendes bzw. tiefes Grün, die durch den Farbtupfer der rotkarierten Decke betont werden, wirkt dieses kleine Schlafzimmer edel, aber auch intim.

Links In diesem prachtvollen Schlafzimmer wurde eine leuchtend grün gemusterte Stofftapete mit einem verblichenen grün gemusterten Perserteppich kombiniert. Sie setzen den Rahmen. Die Farbintensität der Tapete wird durch die goldgerahmten Gemälde (18. Jahrhundert) ebenso gemildert wie durch ihr großes Muster in Rot und Blaßtürkis. Für einen auffälligen Komplementärkontrast sorgt der rote Bettüberwurf aus Buchara (19. Jahrhundert).
Design: Michael Szell

Seite 110 Ganz im napoleonischen Stil kombinierte Karl Friedrich Schinkel in diesem klassizistischen Schlafgemach leuchtendes Grün mit Gold und Weiß. Abgesehen von den kunstvollen Vorhangborten fehlen hier dekorative Muster; der Entwurf basiert vielmehr auf kräftigen Farben und dem Umgang mit Raum. Modern mutet der präzise Einsatz von Weiß an.

Oben Grünglasierte Keramikgefäße ziehen in diesem modernen Interieur dezent die Blicke auf sich. Die mattweiße Umgebung betont den feinen Grünton. Keith Murray entwarf sie in den 30er Jahren für die Firma Wedgwood.

Rechts Die geräumige Veranda von Nindooinbah House bei Brisbane, Ostaustralien, ist in den traditionellen Farben Grün, Hellbraun und Creme gestrichen. Die Möbel setzen dunklere Grün- und Braunakzente, aber insgesamt herrscht eine kühle, luftige Atmosphäre, die die üppige Vegetation im Garten widerspiegelt.

GEDÄMPFTES GRÜN

Diese natürlichen, gefälligen, beruhigenden Töne erinnern an die Farbe von Blättern und Gras im Sommer. Für das menschliche Auge ist Grün so angenehm, weil es weder »zurückweicht« noch »vorkommt«, weder extrem kalt noch extrem warm wirkt. Nur seine gedämpften Varianten tendieren etwas zu Kühle.

Diese Farbe war im 18. Jahrhundert sehr beliebt und wird oft mit dem Namen des schottischen Architekten Robert Adam verbunden. Viele bemalte Regency-Stühle weisen diesen Ton auf.

Harmonisch sind Kombinationen mit tiefen, gedämpften und hellen Werten der Komplementärfarbe Rot. Die Natur beweist, wie hervorragend sich darüber hinaus auch verschiedene Grüns miteinander vertragen.

Oben Zu den einfachen, unterschiedlich großen grün-weißen Karos in diesem zeitgenössischen schwedischen Schlafzimmer inspirierten Stoffe des 18. Jahrhunderts aus Schloß Gripsholm. Hinter dem kräftigen, schlichten Karomuster kann die gelbgrundige, mit feinen Tier- und Pflanzenabbildungen aus dem 18. Jahrhundert bedruckte Tapete ihre Wirkung entfalten. Deckenleiste und Paneel in gedämpftem Grün sorgen für den farblichen Zusammenhalt von Wand und Bettvorhängen.

Rechts Das Grün der Blätter auf dieser Tapete (frühes 19. Jahrhundert) in einem Stadthaus in Salem, Massachusetts, wird durch das Muster gedämpft, so daß die Tapete insgesamt graugrün anmutet und der Übergang zum hellgrauen Paneel weich ist. Das Weiß, Schwarz und Gold von Stuhl, Tisch und Spiegel heben sich leuchtend und klar davon ab.

HELLGRÜN

Als Hellgrün – die Farbe des Mandelbaumblatts und der Pistazie – bezeichnet man jedes mit Weiß gemischte Grün. Bis in unser Jahrhundert hinein gab es nur wenige lichtechte Grünpigmente. Am verbreitetsten waren natürliche Pigmente aus Grünspan und Grünerde.

Ihre Vielseitigkeit und Feinheit prädestiniert die hellen Grüntöne für die Verwendung in der Innenarchitektur. Sie bilden einen passenden Hintergrund für viele andere Farben und wirken besonders elegant in Kombination mit Creme-, Elfenbein-, Weiß- und gelben Ockertönen. Hellgrün, das leicht zu Blau tendiert, macht sich gut mit Grün und Graublau. Erdbeer-, Muschel- oder trübe, matte Rosa- und Terrakottatöne sorgen bei den hellen mittleren Grünwerten für schöne Kontraste.

Hellgrün kann mit grünen Pigmenten oder Farbstoffen oder aus einer Mischung von Blau und Gelb hergestellt werden. Die Aufhellung mit Weiß zeitigt verschiedene Wirkungen: Mit wenig Weiß bleibt die Farbe deckend und behält ihre Leuchtkraft; viel Weiß verleiht ihr einen weichen, pudrigen Charakter.

Oben In diesem finnischen Herrenhaus aus dem 18. Jahrhundert bilden die lichten Naturtöne von Dielenboden und -decke einen idealen Rahmen für das helle Grün der Wand, das ausgesprochen gut mit dem verblaßten Blau des Bettgestells harmoniert. Dessen schöne, schlichte Formen und Farben bilden eine gelungene Einheit mit den stärker verzierten Gegenständen im Raum.

Rechts Der Bogen ist nur aufgemalt, vermag aber doch Architektur und Stimmung dieses einfachen Schlafzimmers zu verändern. Die Pistazienfarbe der Wand ist fein auf das Rosarot und die opulente Textur des Bettüberwurfs abgestimmt. Das Beispiel zeigt, daß eine gute Idee, wenn sie einfühlsam und mutig in die Tat umgesetzt wird, einem Raum ein völlig neues Gesicht geben kann.

Oben Wie elegant der Kontrast von Hellgrün und gebrochenem Weiß wirken kann, zeigen diese im Kolonialstil gestrichenen Säulen und Paneele von Homewood House in Baltimore.

Links In diesem Haus in Marrakesch (man beachte die typischen Mäandermuster) wurde einmal mehr ein ganz einfaches Farbkonzept wirkungsvoll in Szene gesetzt. Das Mandelgrün der Tür wird durch den kontrastierenden Rosaton der Korbstühle unterstrichen. Die bauschigen, bodenlangen cremefarbenen Vorhänge nehmen dem Raum die Strenge und betonen seine Dimensionen.

GELBGRÜN

Die reinsten Gelbgrüntöne lassen an frisches Blattgrün denken und bringen ein »vorkommendes« Element in ein Farbschema ein, ohne daß die Wärme oder sogar grelle Buntheit von Rot oder Orange ins Spiel kommt. Gedämpfte oder stumpfere Gelbgrüntöne sind weniger intensiv; entsprechend schwächer ist ihre Wirkung.

Eine starke Wirkung entfaltet Gelbgrün, wenn es in kleinen Mengen zwischen Blau-, Rotviolett- oder Rottönen eingesetzt wird. Zusammen mit Weiß erscheint es klar, kühl und frisch. Möchte man mit dieser Farbe größere Flächen gestalten, empfiehlt es sich erfahrungsgemäß, diese durch Bilder und Dekorstücke aufzulokkern.

Es gibt kein Gelbgrünpigment, wohl aber zahlreiche pflanzliche Farbstoffe, die diesen Ton erzeugen. Als Malfarbe mischt man es am besten aus Zitronengelb und entweder einem Blaugrün wie Viridian oder einem Grünblau wie Cölinblau. Eine stumpfere Variante läßt sich auch aus Zitronengelb und Schwarz herstellen.

Mit Weiß hellt man es auf, mit Umbra erzielt man einen schmutzigen, dumpferen Gelbgrünton.

Oben Das gedämpfte Gelbgrün des naiven Gemäldes in einem Haus bei Grasse, Südfrankreich, würde in einem unruhigeren Umfeld untergehen. Hier wird es durch die weißen Wände, die grauen Regale und den Naturstein des Kamins hervorgehoben.

Rechts In diesem englischen Schlafzimmer wird Farbe betont sparsam eingesetzt, was eine zarte, frühlingshafte Stimmung hervorruft. Die leuchtendste Farbe ist das Gelbgrün der Stuhlkissen, Raffhalter und kleinen Druckmuster auf der Tapete. Es ist ein kräftiges, aber nicht gesättigtes Grün und wirkt daher nicht aufdringlich. Der bemalte Stuhl aus dem 18. Jahrhundert bringt eine Spur goldenen Ocker ins Spiel, die Stickereibilder steuern mittlere erdige Rot- und Grüntöne bei. Die ebenholzschwarz gebeizten Möbel verleihen dem Farbschema Gewicht, das dank der Vorhänge, Paneele und Tapeten in gebrochenem Weiß nicht drückend wird. *Design: Merlin Pennink*

Seite 117 Ein vergleichsweise gedämpftes Grün zeichnet diese Bibliothek mit ihren ebenso stumpfen Rot-, Blau- und Gelbtönen (auf den bemalten Schranktüren und den Buchrücken) aus. Die Farben harmonieren so erstaunlich gut, weil alle ungefähr den gleichen Tonwert haben. Die Schranktüren, die jetzt in Charleston zu besichtigen sind, bemalte Duncan Grant um 1925 für Clive Bell.

Rechts Die Hauptfarbe in diesem Raum ist das intensive Gelbgrün der ölgrundierten und mit Leimfarbe gestrichenen Wand. Ein blasserer Tonwert wurde für die Sesselbezüge, ein tieferer, dumpferer für die anderen Stoffe gewählt. Das Gegengewicht schafft die Komplementärfarbe: Das hellrosa Vorhangmuster, das kastanienbraune Kissen und das tiefrote chinesische Lackschränkchen beleben das Interieur.
Da sich zwischen solch starken Farben nur kräftig wirkende Möbel behaupten können, ist Schwarz für Schränkchen, Hocker und Tisch eine gute Wahl. Neutrale Farbflächen, wie der glänzende Parkettfußboden und der Grundton des Vorhangs, verhindern, daß der Komplementärkontrast aufdringlich wirkt.
Die Wandfarbe erzielt man, wenn man zuerst gelbgrün lasiert und dann mit einem Tuch eine etwas dunklere grüne Lasur auftupft. *Design: Georgina Fairholme*

Links Diese Sammlung von Gläsern aus dem 19. Jahrhundert, die das Licht reflektieren, ist eine Augenweide in Gelbgrün. Das Arrangement aus Pflanzen im selben Farbton – Fenchel, Euphorbia und Frauenmantel – verstärkt die Wirkung.

Rechts Im Eßzimmer einer umgebauten Kate treffen intensive und gedämpfte Gelbgrünnuancen wirkungsvoll auf Terrakottatöne: Der Eingangstür gegenüber liegt eine in kräftigem Gelbgrün bemalte Wand, die durch eine gebrochen weiße Wand von der olivgrünen im Hintergrund abgegrenzt wird. Das Graugrün der Fußleiste fügt eine leichte Note hinzu, während das Braunrot der Sandsteinfliesen und des Konsoltisches das komplementäre Element liefert. Beide Farben tauchen – zusammen mit Dunkelblau – im Teppich wieder auf.

OLIVGRÜN

Olivgrün ist die Farbe der unreifen Früchte des Ölbaums. Es ist eine dunkle, opake, triste Farbe, eine gedämpfte Variante von kühlem Gelb oder Gelbgrün.

Im 18. und frühen 19. Jahrhundert war sie eine beliebte Wandfarbe. Zu ihrer Popularität trug die klassizistische Mode bei, patinierte Bronze zu imitieren, indem ein olivgrüner Anstrich mit Bronzepulver bestäubt wurde.

Im späten 19. Jahrhundert kombinierte man Olivgrün gern mit schönen Gelb-, Rot- und Blautönen.

Als erdige, dumpfe Farbe harmoniert Olivgrün gut mit seiner Komplementärfarbe Scharlachrot und mit leuchtenderen und helleren erdigen Rottönen, wie Venezianischrot, Indischrot und Hellrot, aber auch mit hellen, kühlen Gelbtönen. Gold wirkt belebend.

Oben Der Arts-and-Crafts-Töpfer William de Morgan setzte auf diesen Wandkacheln eine große Vielfalt von Olivtönen ein. Das von ihm verwendete Kupferoxidpigment zeigt seine wahre Farbe erst nach dem Brennen.

Rechts Als Wandbespannung für das Wohnzimmer von Wightwick Manor bei Wolverhampton wurde eine Textiltapete (ein Seiden-Woll-Gemisch) mit dem 1879 von William Morris entworfenen Muster »Taube und Rose« gewählt. Morris arbeitete am liebsten nach alten Rezepten und verwendete daher nur Pflanzenfarbstoffe, wie z. B. Färberwaid, Indigo und Krapplack, mit denen er harmonische Farbtöne erzielte.

Seite 121 Die olivgrüne Textiltapete in diesem Basler Arbeitszimmer hat eine weiche Textur und dient als Hintergrund für eine Antiken- und Bildersammlung. Einige komplementäre Rottupfer beleben das stumpfe Grün.

WEISS, BRAUN, SCHWARZ

Oben Das Spiel von Licht, Mustern, Konturen und Texturen, das der wandhohe Spiegel verdoppelt, verleiht diesem Treppenhaus eine fast skulpturale Wirkung. Als eine der schlichtesten Farben kann Weiß die Eleganz von Materialien und Formen gut in Szene setzen. Hier betont das reine Weiß von Wand und lackiertem Geländer den üppigen Golddekor des Spiegels und die Naturtöne des Bodens und der Treppe, die so besonders schön zur Geltung kommt.

Seite 125 oben Das romantisch in Weiß gehüllte Himmelbett ist der Blickfang in diesem Raum. Honigfarbene andalusische Bodenfliesen und dunkle Möbel und Türen sorgen für Kontrast. Das Ergebnis ist eine angenehm frische und zugleich ruhige Atmosphäre. Draußen liegt Hitze über der südspanischen Hügellandschaft, drinnen lädt das frisch und kühl wirkende Bett zum Ruhen ein.

Seite 125 unten Aufgrund seiner Schlichtheit bietet sich Weiß für subtile, romantische Effekte an. Hier setzen sich die Wände in einem warmen, gebrochenen Weißton, der Parkettboden, das Muster der bestickten Tischdecke und die adretten Matratzendrellbezüge der Sessel zu einem intimen, aber klar gegliederten Ensemble zusammen. Das gedämpfte Licht modelliert die Gegenstände und läßt den glänzenden Boden leuchten.

WEISS

Reines Weiß ist die Farbe von Schnee, Kreide und Lilien. Seit Jahrhunderten wird es vielerorts auf der Welt als Leimfarbe oder Kalkanstrich für den Außen- und Innenanstrich verwendet. Bleiweißpigment wurde schon früh in der Geschichte von den Chinesen und den Römern benutzt, aber überwiegend stellte man weiße Malfarbe auf Kreide- oder Kalkbasis her.

In der zweiten Hälfte des 18. Jahrhunderts strich man gern Wände und Decken weiß und verzierte sie mit Blattgold; außerdem diente Weiß als Hintergrund für kräftigere Farben.

Es war damals nicht reinweiß und vergilbte mit der Zeit. Vor allem für Bettwäsche und -vorhänge kamen einfarbige oder gemusterte weiße Stoffe in Mode, die oft nach dem Waschen zum Bleichen in der Sonne ausgebreitet wurden.

Nach ersten Ansätzen bei dem schottischen Architekten Charles Rennie Mackintosh, der Anfang des 20. Jahrhunderts ganze Räume sowie einzelne Möbel in Weiß entwarf, löste diese (unbunte) Farbe dann in den 20er Jahren endgültig die kräftigen, vollen, dunklen Farben des 19. Jahrhunderts ab. Seit 1919 konnte nämlich mit Titanweiß ein helles, lichtbeständiges Weiß hergestellt werden. Weiß setzte sich mehr und mehr durch und prägte in den 20er und 30er Jahren die innovativen Entwürfe von führenden Designerinnen und Designern, wie Basil Ionides, Syrie Maugham und Elsie de Wolfe. In jüngster Zeit setzen Innenarchitekten wie John Fowler u.a. leicht gebrochene Weißtöne auf verschiedenen Flächen und Wölbungen ein, um Texturen und Kontraste herauszuarbeiten und den Eindruck von Weite zu erzielen.

Die Weißtöne von Malfarben, Stoffen, Bodenbelägen und Porzellan fallen in Schattierung und Textur sehr unterschiedlich aus und lassen sich vielfältig miteinander kombinieren. Entsprechend unterschiedlich sind auch die Stimmungen, die man mit ihnen schaffen kann.

Oben Die fast grelle Helle dieses Raums auf Long Island, New York, mildern verschiedene Kontrastwirkungen und Texturen. Das reine Weiß wird durch die rauhe Oberfläche des cremefarbenen Teppichs und den weißlasierten Dielenboden belebt. Sehr markant: die dunklen Möbel, der schwarze Kamin und die antike Wanduhr. Lampen, Kerzenleuchter und Bilder bringen ein Moment von Symmetrie und Präzision ins Spiel.

Rechts In diesem Fotostudio in einem umgebauten Lagerhaus in Melbourne, Australien, spielt Licht die beherrschende Rolle. Es fällt durch die Oberlichter, die wandhohen Fenster und die Schiebetüren im japanischen Stil ein, wird von den glänzenden weißen Keramikbodenfliesen reflektiert und läßt den Raum so noch größer und eleganter erscheinen. Kaum Möbel, sparsames Dekor: zwei balinesische Tänzerstatuetten auf Podesten neben den Türen, ein prunkvoller antiker Armstuhl in der Ecke; Vorhänge in gebrochenem Weiß sorgen für texturalen Kontrast. Hinter den Schiebetüren liegt der in Aquamarintönen ausgemalte Hof – ein Blickfang, der auf raffinierte Weise farblich in den Innenraum einbezogen ist.

CREME

Besonders vielseitig einsetzbar sind die Cremetöne, weil sie mit den verschiedensten Einrichtungsstilen harmonieren. Mit ihnen lassen sich betont schlichte Interieurs ebenso gestalten wie solche von klassischer Eleganz. Sie waren das ganze 18. Jahrhundert über beliebt, oft in Verbindung mit goldenen Verzierungen. In diesem Ton wurden Alkoven, Säulen und Paneele gestrichen und Stuhlpolster bezogen. Cremefarbene Räume, in denen Möbel und Stoffe eine ebenso große Rolle spielten wie die Wände, waren in den 1930er Jahren en vogue. In Art-déco-Interieurs wurde oft Creme in Ver-

Oben Im Wohnzimmer (spätes 17. Jahrhundert) von Huntingdon Castle, Südirland, verstärkt ein Cremeton das antike Flair. Die Symmetrie des Kaminsimses und die Anordnung des Porzellans kontrastieren mit der rauhen, cremefarben gestrichenen Wand. Ein solcher Gegensatz in Form und Textur kann in einem Raum für einen interessanten Blickfang sorgen. Rote und grüne Farbtupfer auf dem Porzellan beleben das Ton-in-Ton-Schema von Holz, Blattgold und Cremeton.

Rechts Ein Farbschema aus verschiedenen Weißtönen kann stark oder raffiniert wirken. In diesem Wohnzimmer im Empire-Stil wurden Weiß- und Cremeschattierungen für Wände und Möbel gewählt. Die dunklen Töne des lackierten Holzes und der Bilder bilden einen lebhaften Kontrast zu den neutralen Farben und verleihen dem Raum Ausdruck und Profil.
Design: Raymond Liberatori

Seite 129 Die klaren Linien dieses modernen Raumes bekommen durch Cremetöne, neutrale Farben und den stark kontrastierenden schwarzen Kaminbereich eine klassisch-elegante Note. Die blassen Farbtöne von Sofa, Regal und Wand gewinnen durch den Parkettboden und die getünchte Kaminwand an Charakter.
Design: Hariri und Hariri

bindung mit wenigen prägnanteren Farbtupfern, etwa in Türkis, Mauve, Orange oder Gelbgrün, verwendet.

Die warmen, neutralen Cremetöne harmonieren mit fast allen Farben außer den Primärfarben, deren volltonige Buntheit ihre subtilen erdigen Schattierungen nicht zum Tragen kommen läßt. Creme paßt besonders gut zu stark kontrastierenden Farben wie Schwarz, Dunkelgrün und Dunkelblau. Mit goldenen oder vergoldeten Verzierungen wirkt es klassisch, romantisch oder elegant. Creme wird oft als Hauptfarbe in Räumen verwendet oder aber als ruhiges Bindeglied zwischen kräftigeren Farben.

Es wird aus Weiß und gelbem Ocker oder Neapelgelb gemischt.

Oben Die weichen, verwitterten Schattierungen dieses klassizistischen Steinfrieses können exemplarisch für die zeitlose Eleganz der Cremetöne stehen.

Links Natürliche Farbtöne in verschiedenen Cremetonwerten schaffen hier eine feine Harmonie von Textur, Farbe und Licht. Wenig Ocker, mit Weiß gemischt, verleiht der Wand ihren warmen Cremeton. Im weichen Licht, das durch die Bambusrollos fällt, schimmert die Glasur der irdenen Töpfe. *Design: John Stefanidis*

Seite 130 Eine leichte, romantische Stimmung entsteht hier durch cremefarbene Wände mit einem kohleschwarzen Muster, das alles andere als düster wirkt, vielmehr an spanische Spitze oder elisabethanische Stickereien erinnert. Der satte Cremeton und das weiche, warme Schwarz passen gut zu der Naturholzfarbe von Stuhl und Boden und der sternförmigen Messinglampe im maurischen Stil. *Design: Miranda Humphries*

BRAUN

Braun hat viele wunderschöne Schattierungen, die sich mit den tiefen oder gedämpften Tonwerten von Gelb, Orange, Rot oder Violett erzielen lassen. Zur Farbe in Innenräumen avancierte es, als Mitte des 17. Jahrhunderts viele Wohnräume mit Holzpaneelen und -schnitzereien ausgestattet wurden. Anfang des 18. Jahrhunderts wählte man kräftige, dunkle Töne für den Anstrich, vor allem von Türen, und für bedruckte Stoffe. Im viktorianischen England mit seinen luxuriösen, schweren Interieurs spielte Braun in Kombination mit Gold, Gelbbraun oder Mauve eine bedeutende Rolle.

Weil Braun sowohl warm als auch kühl sein kann, eignet es sich oft als einzige Hintergrundfarbe für kräftige, exotische oder lebhafte Töne wie grelles Rosa oder leuchtendes Türkis. Es lohnt sich, diese zunächst vielleicht überraschende Behauptung in der Praxis zu überprüfen. Man kann mit Braun volle Rot-, Blau- oder Grüntöne dämpfen oder zusammen mit Cremetönen eine einladende, warme Stimmung schaffen.

Braun rührt man aus Umbrapigmenten an: Umbra natur ergibt ein kühles, grünstichiges Braun; mit Umbra gebrannt erhält man einen warmen Schokoladenton.

Oben Schuhförmige, z. T. über 250 Jahre alte Schnupftabakdosen aus verschiedenen Hölzern, von gelbem Satinholz bis zu prächtigem poliertem Mahagoni- und Ebenholz. Ein Gegengewicht zu den warmen Brauntönen der Sammlung bilden das Rot, Grün und Gelb in ihrer Umgebung.

Rechts Ausdrucksstarken Farben verdanken sich die Eleganz und Behaglichkeit dieses Interieurs. Der Betthimmel des englischen Bettes aus dem 18. Jahrhundert ist aus gelb gefütterter sienafarbener Seide, der gemusterte braune Quilt aus Chintz. Die Farben der französischen Blumentapete finden sich im Graugrün von Wand und Tür und im Gelb der Lampenschirme des Nachbarraums wieder. *Design: David Mlinaric*

Seite 133 Rustikale Einfachheit wurde in diesem Raum beispielhaft durch die unterschiedlichen Brauntöne verschiedener Materialien und Texturen erzielt. Dunkle Hölzer, naturfarbenes Kiefernholz und ein Binsenmattenboden harmonieren gut mit dem Hellbraun und Cremegelb von Wand und Decke. Die mahagonibraune Wandleiste hält das Farbschema zusammen.

Links Wie schön edle dunkle Hölzer sich kombinieren lassen und jedes Interieur bereichern, zeigt das Eßzimmer eines Teakhauses in Thailand. Die dunklen Töne strahlen angenehme Kühle, die glänzenden Holzflächen die vorherrschende Wärme aus. Als Gegengewicht zu den schweren Hölzern fungiert das feine blau-weiße Prozellan aus der Ming-Zeit.

Unten links Dieses Schlafzimmer befindet sich in einer von New Jersey nach East Hampton umgesetzten Scheune im holländischen Stil (18. Jahrhundert). Am neuen Standort wurden die Eichenbalken mit der Außenseite nach innen eingebaut, so daß die jahrhundertealte Patina jetzt in den Räumen zu bewundern ist. An den vielen Brauntönen der alten Holzwände wird deutlich, wie ruhig und natürlich die Farbe von Holz sein kann. *Architektur: Gwathmey, Siegel und Partner. Innenarchitektur: Courtney Sale Ross*

Rechts Das gestrichene Regal ist von braunschwarzen Drucken umrahmt; der fein gemusterte Zierrand des Porzellans wird farblich im Tapetenmuster aufgegriffen: ein schönes Beispiel dafür, wie einfach und elegant dunkles Braun wirken kann.

Unten rechts Die sanft aprikosenfarbene Tapete verstärkt den warmen Ton der orangebraunen alten Tagesdecke. Die bodenlangen Chintzvorhänge nehmen die Aprikosen- und Brauntöne sowie das Blau des viktorianischen Sessels auf. Das frische Weiß der bestickten Bettwäsche und das Blau bilden ein Gegengewicht zu den warmen Braun- und Aprikosentönen. *Design: Diana Griffin-Strauss*

Oben Die weißen Stuckverzierungen dieses eindrucksvollen neugotischen Raums beleben die freundliche Pilzfarbe der Wände. Blau-weißes Porzellan, bunte ledergebundene Bücher und gerahmte Scherenschnitte heben die dunklen neutralen Töne.

Rechts Natürliche neutrale Farben lassen sich hervorragend Ton in Ton kombinieren. Die Landschaft auf dem Wandteppich bildet den passenden Hintergrund für die braungraue Kommode mit ihrem Arrangement aus Tannenzapfen, Blumen und Gräsern. *Design: Annie Sloan*

Seite 137 Hell, luftig und schlicht ist dieses Gästezimmer in Nantucket bei Cape Cod eingerichtet. Die mit cremigweißer (Latex-) Emulsionsfarbe gestrichenen Wände und der weißlasierte Dielenboden wurden mit Fußleisten, Fensterrahmen, Simsen und Täfelung in Grüngrau kombiniert, das der Besitzer durch Schaben und Abbrennen der oberen Schichten wieder freigelegt hat.

NEUTRALE FARBEN

Viele helle und dunkle neutrale Farben, wie z. B. Maulwurfsgrau, Trübgrau, Beige und Steingraubraun, sind gemischte, schmutzige Schattierungen von Grau und Braun. Andere, wie Biskuit-, Sand-, Kamel- und Gelbbraun, haben eine leichte Gelbfärbung, während Pilz- und Khakitöne komplexere Mischungen darstellen.

Die graubraune Steinfarbe wurde im Palladianismus viel verwendet, und zwar als Mischung aus Bleiweiß und Siena oder Umbra. In der Innenarchitektur des 18. Jahrhunderts war Steingrau neben Erbsengrün die beliebteste Farbe. Über einer Nußölgrundierung wurde sie in mehreren Schichten auf Holz und Wände aufgetragen. Trübgrau, ein helles gelbliches Graubraun, war im 19. Jahrhundert sehr en vogue, wie eine Empfehlung in der Zeitschrift *Queen* von 1876 beweist: »Diele und Treppen-

haus: helles Trübgrau mit viel Gelb und hohe untere Wandverkleidung in Rot mit zwei weißen Streifen. Eßzimmer: dunkle trübgraue Wände mit hoher unterer Wandleiste in Mauve und verschiedenen Trübgrautönen.«

John Fowler und Nancy Lancaster benutzten neutrale Farben, darunter Trübgrau, Maulwurfsgrau und Khaki, vorzugsweise, um ihren Entwürfen Tiefe und Eleganz zu verleihen.

Diese sanften, gedämpften Töne harmonieren gut mit natürlichen Oberflächen: unbehandeltes Holz, gekalkte Eiche, weißlasierte Kiefer, Kokosmatten, Jute. Sie lassen sich auch untereinander kombinieren, desgleichen mit einem monochromen oder einem mehrfarbigen Farbschema. Oft werden sie zur Abgrenzung von zwei oder mehr dominanten Farben oder zur Dämpfung von deren Wirkung eingesetzt. Sie eignen sich ganz allgemein dazu, einen Raum zu gliedern und Akzente zu setzen. Ein Interieur, das vollständig in neutralen Farben gehalten ist, wirkt entspannend und unaufdringlich.

Links Kühle, blasse Farben verstärken die Wirkung des Lichts in diesem Schlafzimmer, dem ein schwerer, erlesener Damastvorhang und eine prächtige Tagesdecke (18. Jahrhundert) Tiefe und Charakter verleihen. Der Bodenbelag aus Kokosfaser und die hellen neutralfarbenen Wände schaffen Weite. *Malerarbeiten: Keith Day*

Oben Kunstvolle geraffte Stoffbahnen und Steinfliesen in Trompe-l'œil-Malerei schmücken die Wände dieses Badezimmers. Die vergleichsweise warme Ausstrahlung des »Stoffs« wird durch den kalten »Stein« konterkariert. Der Raum wurde mit Künstlerölfarben in zwei verschiedenen Gelbbrauntönen, vermischt mit Öllasur, bemalt. Abschließend wurde eine Polyurethanschicht aufgetragen. Das Ergebnis sind helle, zarte Grau-, Sand- und Beigetöne. *Malerarbeiten: Keith Day*

Rechts Die texturalen Kontraste zwischen Wänden, Boden und Bezugsstoffen beleben die blassen Farben in diesem Raum. Der Trompe-l'œil-Steinwand und dem Tisch mit Marmorplatte steht das informellere Arrangement von Sesseln und Beistelltischchen gegenüber. Die neutralen Farben und die symmetrische Grundstruktur wirken klassisch. Für einen kräftigen Kontrast sorgen die farbigen Bezüge von Sessel und Schemel, die dem raffinierten Ensemble ein wenig Wärme verleihen. *Design: Mark Hampton*

GRAU

Die breite Skala der Grautöne reicht von den wärmeren, oft komplexen Braungrau-, Grüngrau- und Rosagrautönen bis zu den kühleren Farben, die auf Blau oder einfachen Schwarzweißmischungen beruhen. In dem Bemühen, zur Einfachheit und Harmonie der klassischen Formen zurückzukehren, verwendete man in der Renaissance für Innenräume grauen Stuck zu schlichten weiß gegipsten Wänden. Im frühen 18. Jahrhundert war Grau eine der wenigen überhaupt erhältlichen Farben.

Die Wirkung von Grautönen wird wesentlich von Textur und Schlußanstrich beeinflußt, der glänzend oder seidenmatt sein sollte. Grau kann kühl und anspruchsvoll wirken, aber auch – vor allem, wenn es Rosaanteile aufweist – eine beruhigende, warme Ausstrahlung haben. Es läßt sich gut mit anderen Farben kombinieren, einschließlich Rosa, Hellblau, leuchtendem Grün und Zinnoberrot.

Links In diesem prächtigen und dabei behaglichen Bibliotheks-Arbeitszimmer erzeugen exquisite, volle Farben zusammen mit Grüngrau eine kräftige Wirkung. Türen und Decke in Grüngrau kontrastieren mit tief orangerot lackierten Wänden und den kraftvollen warmen Rot- und Brauntönen von Holz und Teppich. Mit drei Tonwerten – dunkler und mittlerer Ton: Türen; heller Ton: Decke – verleiht das Grüngrau dem Raum Tiefe und Attraktivität. Das blau-weiße Porzellan bringt Frische in das Farbschema. *Design: David Mlinaric*

Oben Eine fein abgestufte Tonskala von Grüngrauwerten: Die Queen-Anne-Täfelung erhielt einen mittleren Ton aus Künstlerölfarbe und Öllasur, die Decke einen helleren, die Leisten den hellsten. Die dunkel gerahmten Pflanzendrucke heben sich wirkungsvoll vom Grau ab. Der schwarze Kaminmantel, der Kronleuchter (17. Jahrhundert), die Chippendale-Stühle und der Dielenboden tragen ihren Teil zur »Erdung« des Komplementärkontrastschemas bei. Der Aubusson-Teppich und die rosa Sonnenblende aus Damast sorgen für Wärme. *Malerarbeiten: Keith Day*

Rechts Frisch und sauber wirkt die hellgraue Lasur der Badezimmerwände. Ein zarter, mit Schablone aufgebrachter Fries korrespondiert mit der griechischen Spitze am Fenster. Wanneneinfassung und Leiste aus dunkler Eiche verleihen dem Raum Charakter und Tiefe.

Oben James McNeill Whistler hat mit seinem Gemälde *Harmony in Grey and Green: Miss Cecily Alexander* die subtilen Effekte verschiedener kühler Grautöne eingefangen.

Unten Scherenschnittartig hebt sich das dunkelgrau gestrichene schmiedeeiserne Treppengeländer von den weich beleuchteten, »fließenden« Wandfarben ab, die mit ihren Rosa- und Cremetönen einen wunderschönen Hintergrund für das Dunkelgrau abgeben. Die elegante Treppe befindet sich in einem klassizistischen Haus, dessen fein abgestimmte Farben Ruhe und Raffinement ausstrahlen.

Rechts So kühl die Blaugrautöne des Trompe-l'œil-Vorhangs in diesem ungewöhnlichen Schlafzimmer auch wirken – auf Grund des schönen Faltenwurfs hat der gemalte Stoff einen durchaus anheimelnden Effekt. Das neutrale Farbschema aus Weiß-, Creme-, Silber- und Grautönen in verschiedenen Texturen ist ausgeglichen, so daß keine Farbe dominiert. *Künstlerische Gestaltung: Michael Falkard*

GRILLE de CLÔTURE du CHOEUR
de l'EGLISE DETRUITE

SCHWARZ UND WEISS

Die Kombination von Schwarz und Weiß ist ein altes, einfaches, unverändert wirkungsvolles Gestaltungsmittel. Das »zurückweichende« Schwarz und das »vorkommende« Weiß sind ein starkes Gegensatzpaar, weil sie einen absoluten Komplementärkontrast bilden.

Die beiden Farben können vielfältig kombiniert werden. Am auffallendsten sind schwarzweiße geometrische Muster, z.B. von Fliesen und Kacheln, wie sie schon im 17. Jahrhundert verwendet wurden und heute in modernen minimalistischen Interieurs auf Objekten und Materialien anzutreffen sind.

Schwarzweißkombinationen vertragen sich gut mit anderen Farben, wenn man diese sparsam einsetzt, um nicht zu sehr von ihrer dramatischen Kontrastwirkung abzulenken. Bei den zusätzlichen Farben sollte es sich um reine, intensive Farbtöne handeln, wie z.B. Scharlachrot oder Gold.

Oben Schwarzweiße Fliesenmuster haben in der kontinentaleuropäischen Innenarchitektur eine lange Tradition. Das Gemälde von Gonzales Coques zeigt ein holländisches Interieur (frühes 17. Jahrhundert) mit einem schwarzweißen Fliesenboden, der in wirkungsvollem Kontrast zu den vollen Farben des Wandbehangs und des Tischüberwurfs sowie der goldgelben Täfelung steht. Wie man sieht, harmonieren Schwarz und Weiß auch gut mit messingfarbenen Details.

Rechts Einen dramatischen Effekt bewirkt die Kombination von Holz mit dem schwarzweißen Muster des Steinbodens im Eingangsbereich eines thailändischen Hauses. Die vollen, warmen Rottöne des polierten Holzes kontrastieren mit dem schwarzweißen italienischen Marmorfußboden. Es entsteht eine freundliche, einladende Atmosphäre.

Links Auf Grund ihrer klaren, dramatischen Wirkung bieten sich Schwarzweißkombinationen für geometrische Muster an. In der Sitzecke eines Hauses auf Long Island sorgen schwarze Flächen und kräftige Streifen in einem weißen Umfeld für Ausgleich und Kontur. Ocker-, Gold- und Messingtupfer bereichern das Schema.

Unten links Ein strenges Designkonzept kennzeichnet dieses Bad mit schwarzem Boden und Schwarz-auf-Weiß-Wandmuster, das in seiner erfrischend direkten, einfachen Art an Art-déco-Vorbilder erinnert.

Unten rechts In dieser Küche mit einem schwarzen Herd als Mittelpunkt wurden ähnliche Farben wie in der Sitzecke oben kombiniert. Die Wirkung aber ist eine ganz andere, weil verschiedene Weißtöne und neutrale Farben für Helligkeit und reicher Dekor für Wärme und Abwechslung sorgen.

Links Eine Variante des Schwarzweißthemas im Eßzimmer (spätes 18. Jahrhundert) eines Schlosses bei Le Mans: Weiß in den verschiedensten Tönen, Texturen und Materialien wird hier nur mit wenig Schwarz ergänzt. Von dem sanften Cremeton der Wand hebt sich der antike holländische Kachelofen ab, neben dem Hocker mit weißen Überwürfen stehen. Das schwarze Muster des Ofens steht in Wechselbeziehung mit den schwarzen Quadraten des Kachelbodens; gemeinsam »erden« sie das Farbschema.

Rechts Der lange, schmale Gang in einer 1793 erbauten ehemaligen Munitionsfabrik bot sich für ein ausgefallenes Dekorationsschema an. Der starke Schwarzweißkontrast betont die langgestreckte, rechtwinklige Form des Korridors. Die schwarzen Marmorkugeln und der Silberteller auf der Granitplatte der Konsole kontrastieren mit dem Weiß von Decke, Wänden, Türen und Leisten, das der cremefarbene Teppichboden variiert. Versenkte Spots werfen lange Schatten, während Wolframdeckenfluter in flachen Wandnischen auf beiden Seiten des Ganges ein weiches, indirektes Licht spenden. Schwarz gerahmte Spiegel lassen den Korridor breiter erscheinen. Die zeitgenössischen Lithographien an den Wänden erwecken den Eindruck, als befinde man sich in einer Kunstgalerie. *Design: Mary Fox Linton*

SCHWARZ

Es gibt viele Schwarztöne: weiches Grauschwarz, warmes Rot- und Braunschwarz, kühles Blauschwarz. Die tiefsten haben eigene Namen: Anthrazit-, Ebenholz- und Pechschwarz. Vor dem 20. Jahrhundert wurde Schwarz hauptsächlich im Dekor und in Stoffen eingesetzt. In den 20er Jahren war es dann in England sehr en vogue, und zwar nicht mehr nur als Grundton für Chintz- und Damaststoffe, sondern auch auf Wänden und Decken. Da schwarze Flächen das gesamte Licht absorbieren, spielt ihre Textur eine besonders große Rolle. Eine mattschwarze Oberfläche wirkt geschlossen, eine glänzende, weil sie mehr Licht reflektiert, dynamisch und positiv. Schwarz läßt andere Farben lebhafter erscheinen, und mit schwarzen Dekorelementen kann man einem Raum Struktur und Kontur verleihen.

Seite 148 Durch geschickte Raumaufteilung und -dekoration kann man auch in kleinen Zimmern mit Schwarz eine luxuriöse, intime Atmosphäre erzeugen. Hier sorgen glänzende, glatte Flächen, der große Spiegel, das durch die Sonnenblenden einfallende Licht und die Dekkenstrahler für vielfältige Lichtwirkungen, die dem Raum Tiefe verleihen. Vor den schwarz lackierten Wänden heben sich weiße, gelbe, goldene und vergoldete Dekorstücke deutlich ab. Der gemusterte Holzfußboden, die Kiefernholzblenden und die Dekorelemente machen den Raum reich an Texturen und Mustern. *Design: Anoushka Hempel*

Links Der tintenschwarze Boden und die Einbauelemente in derselben Farbe lassen diese Küche funktional und sauber erscheinen. Die stark geometrische Akzentuierung des Raumes (durch die Gitterstruktur der Tapete, die Jalousie, die rechtwinklige Strahlerschiene, den Fliesenboden) wirkt dem flächigen Effekt entgegen, den Schwarz haben kann. Die blaßgoldenen Töne von Holztür und -regal sowie Dekorstükken heben sich vom Schwarz ab und strukturieren den Raum.

Folgende Seite Die schwarzen Wände im Eßzimmer des ehemaligen Hauses von Vanessa Bell und Duncan Grant, Charleston in West Sussex, lassen die Farben der Keramikobjekte, Gemälde und Möbel kräftig hervortreten. Erdige matte Rot-, Grün- und Ockertöne sowie neutrale Farben (u.a. der getünchten Decke und des Kokosbodenbelags) drängen die Übermacht von Schwarz zurück und verleihen dem Raum eine rustikale, zwanglose Atmosphäre. Den runden Tisch bemalte Vanessa Bell in den 50er Jahren. Mit seinem Grüngrau und dem schwarzweißen Rand stellt er die Verbindung zwischen den Wänden und der grau gestrichenen Tür her.

Farbpaletten

ERDFARBEN

Aus natürlichen Pigmenten hergestellt, weisen alle diese Farben die gleiche Tonwertstufe auf und harmonieren deshalb gut zusammen. Die meisten von ihnen sind bräunlich mit Spuren von Rot, Gelb oder Grün. Seltener sind blau-, rotviolett- und leuchtend grünstichige Erdfarben. Weiß ist in Form von Kreide und Kalk, Schwarz in Form von Ruß und Kohle überall reichlich vorhanden. Diese Grundpalette steht fast überall auf der Erde seit langem zur Verfügung. Erdfarben wurden und werden für allerlei Dekorationszwecke benutzt: vom Wandanstrich im Landhaus und der Temperamalerei bis zur Dekoration von primitiven Gefäßen und zur Kriegsbemalung. In Zeiten vor der industriellen Massenproduktion war man auf die am Ort verfügbaren Farben angewiesen, was Namen wie z.B. Oxfordocker, Neapelgelb, Siena gebrannt noch erahnen lassen.

Erdfarben können leuchtend sein, wirken aber nie grell. Beim Anstrich werden sie oft auf Weiß aufgetragen oder mit viel Weiß vermischt. In manchen Gegenden von Frankreich trägt man sie mit dem Verputz vermischt auf die Wand auf, so daß man gar nicht streichen muß. Meistens tönt man die Pigmente aber mit einem weißen Malmittel ab, um die gewünschte Farbnuance zu erhalten. In East Anglia z.B. mischt man Rot in die Tünche, um ein bestimmtes Rosa zu erzielen.

Unten links Wandbemalung im ostindischen Bundesstaat Orissa (Foto mit frdl. Genehm. von Barbara Lloyd). **Unten rechts** Freskomalerei im Vorzimmer der Villa Querini (frühes 16. Jahrhundert) bei Venedig.

Seite 153 oben Kunstgegenstände von Aborigines im Haus eines Siedlers (Australien, 1850er Jahre). **Seite 153 unten links** Wände und Dächer von Holzhäusern an einem norwegischen Fjord. **Seite 153 unten rechts** Im Wintergarten eines Hauses in den Cotswolds, England.

SELTENE FARBEN

Seltene, kostbare Farben haben wegen ihrer Intensität und Leuchtkraft immer besondere Wertschätzung genossen. Die meisten wurden aus reinen Mineralien, wie Lapislazuli, Malachit, Realgar, Auripigment, Zinnober und Azurit, hergestellt. Wo diese seltenen Mineralien nicht verfügbar waren – und sind –, kamen andere leuchtende Farben in Gebrauch. So gewannen z.B. schon die Azteken in Mexiko einen leuchtendroten Farbstoff aus einer Schildlaus (Koschenille), die an Opuntien lebt. Den Farbstoff entzog man den getrockneten Tieren.

In reiner Form sind solche Farben zu teuer für gewöhnliche Sterbliche, so daß sie in der Innenarchitektur – wenn überhaupt – nur in kleinen Mengen verwendet wurden. Neue chemische Verfahren ermöglichten jedoch im 18. und 19. Jahrhundert die billigere Herstellung intensiver Farben, und nach und nach wurden die Mineralfarben durch synthetische Produkte ersetzt: Lapislazuli durch Ultramarin, Malachit durch Viridian, Goldpigment und Realgar durch Kadmiumgelb, Zinnober durch Kadmiumrot. Die Ursprungsfarben tauchten zwar im Innenbereich einfacher Häuser nicht auf, aber Anregungen zur Verwendung der heute gebräuchlichen Ersatzfarben können Keramikgefäße und andere Kunstwerke bieten.

Seite 154 oben Duccio: *Maria mit Kind und sieben Heiligen* (um 1300). **Seite 154 unten** Der Speisesaal von Bantry House (18. Jahrhundert) in der südirischen Grafschaft Cork.

Links Tizian: *Bacchus und Ariadne* (1522–1523). **Unten links** Teller (Türkei, spätes 16. Jahrhundert). **Unten rechts** *Porträt von Babur* (Indien, um 1610).

TRADITIONELLE FARBEN

In Europa und Nordamerika strich man Wände, Decken, Holzteile und Möbel fast das ganze 18. Jahrhundert über in einer beschränkten Palette gedämpfter, stumpfer, erdiger Farben, die manchmal durch vergoldeten Dekor belebt wurden. Grün- und Brauntöne herrschten vor; ein gedämpftes mittleres Grün, das auch unter der Bezeichnung »Georgsgrün« bekannt war, wurde in ganz Nordeuropa besonders gern in getäfelten Räumen verwendet.

Diese Farbpalette wurde oft mit gut harmonierenden Grau- und gebrochenen Weißtönen ähnlicher Tonwerte kombiniert. Letztere erzielte man durch Beigabe von Umbra.

Oben links Vorraum und Schlafzimmer in Gut Skogaholm bei Stockholm. **Oben rechts** Detail eines Hauses (18. Jahrhundert) in Schottland. **Rechts** Auf dem Dachboden eines im amerikanischen Kolonialstil restaurierten Hauses (frühes 19. Jahrhundert) in North Carolina.

Seite 156 oben François Boucher: *Modistin* (1746). **Seite 156 unten** Arthur Devis: *The Duet* (1749), ein sog. Konversationsstück.

ROKOKOFARBEN

Im frühen 18. Jahrhundert wurde der pompöse Barock von einer Stilrichtung abgelöst, die ebenso dekorverliebt, aber leichter und frischer in Farb- und Formgestaltung auftrat: das Rokoko. Inbegriff des neuen Stils waren die Gemälde von François Boucher und Jean Antoine Watteau. Damals wies die Palette der Dekorateure überwiegend helle, zarte Pastelltöne auf. Prägend wirkte sich auf die Innenarchitektur der persönliche Geschmack Madame de Pompadours, der Geliebten Ludwigs XV., aus. Auf ihre Veranlassung hin wurde die Teppichproduktion in Aubusson wiederbelebt und die Porzellanmanufaktur in Sèvres gegründet. Sie forderte aber auch von beiden Innovationen in puncto Farben und Muster.

Bezeichnungen wie Puderrosa, Apfelgrün, Französischlila, Pompadourblau, Orientgold, Sèvresblau, Pompadourrosa, Palastcreme und Wolkenweiß zeugen von der Leichtigkeit und Eleganz jener Epoche der verfeinerten Wohnkultur.

Seite 158 oben Sir William Chambers: *Entwurf für Thron mit Baldachin* (um 1782).
Seite 158 unten Eingangshalle der Villa Lebell (18. Jahrhundert) in Finnland.

Unten links Entwurf (nach Boucher) für einen Teppich von Beauvais (18. Jahrhundert). **Oben rechts** Ein heutiges Interieur nach altem Muster: Tapete und Stoffe im Reveillon-Stil (18. Jahrhundert). **Unten rechts** Wohnzimmer eines Hauses in London.

LEUCHTENDE FARBEN

Ende des 18., Anfang des 19. Jahrhunderts erwachte erneut das Interesse an Architektur und Dekor der griechischen und römischen Antike. Innenarchitekten wie Robert Adam und Karl Friedrich Schinkel verwendeten die kräftigen, strahlenden Rot-, Lila-, Terrakotta-, Blau- und Grüntöne, die sie in Italien kennengelernt hatten, in ihren innovativen Gestaltungsentwürfen. Ein schönes Beispiel für Schinkels Schaffen ist Charlottenhof.

Napoleons Vorliebe für den Klassizismus forcierte eine noch extremere Farbwahl und die Abkehr von den nuancierten Tönen des Rokoko. Die Entwicklung neuer leuchtender Farben auf synthetischer Basis erweiterte diese Palette beträchtlich. Das Empire, den unter Napoleon herrschenden feierlich-strengen Stil, prägen leuchtende, tiefe Grün-, Rotviolett-, Zitronengelb- und Rubinrottöne, die mit weißem Hintergrund und goldenem Dekor kombiniert wurden.

Seite 160 oben Blick vom Empfangszimmer in die Eingangshalle von Homewood House (frühes 19. Jahrhundert) in Baltimore. **Seite 160 unten** Illustration aus Théodore Pasquier: *Dessins d'ameublement* (Paris, um 1830).

Links Wohnzimmer im Empire-Stil. **Unten links** Robert Adams Entwurf für die Wohnzimmerdecke von Syon House (Aquarell, 1762). **Unten rechts** Entwurf für einen bedruckten Baumwollstoff (Frankreich, um 1810/15).

VIKTORIANISCHE FARBEN

In Viktorianischer Zeit standen mehr Farben zur Verfügung als je zuvor. Synthetische (Anilin-)Farbstoffe machten ab 1856 die Herstellung verschiedener Rotviolett- und brillanter Rosatöne möglich. Ebenso wichtig war die Einführung von Alizarinkrapplack, Viridiangrün, Cölinblau und Chromoxidgrün.

Damals waren vielfarbige Farbschemata mit kräftigen Mustern sehr beliebt. Aber die Farben waren meist weder volltonig, noch hatten sie die Leichtigkeit und Leuchtkraft derjenigen der Regency-Interieurs von Anfang des 19. Jahrhunderts. Bevorzugt wurden vielmehr dunkle Schattierungen, vorzugsweise tiefe Grün- und Schiefergrau- sowie getrübte oder blaustichige Rottöne.

Oben Knut Ekwall: *Tröstung*.

Seite 162 links oben Entwurf für die Decke eines Pariser Arbeitszimmers (1877). **Seite 162 links unten** Tapetenentwurf aus Christopher Dresser: *Studies in Design* (1876). **Seite 162 rechts** J. K. Dykmans: *La fête de la grand-mère* (1867).

Unten links Bedrucktes Baumwollfutter einer Seidenjacke (Persien, 19. Jahrhundert). **Unten rechts** Sonnenblende aus einem mit Maniokpflanzenfarbe bemalten afrikanischen Stoff.

Seite 165 oben links Mit dem 1883 von William Morris entworfenen Motiv »Strawberry Thief« bedruckte Baumwolle. **Seite 165 oben rechts** Wightwick Manor, Staffordshire. **Seite 165 unten rechts** Pflanzengefärbte Wolle.

PFLANZENFARBEN

Bis Mitte des 19. Jahrhunderts wurden Textilien mit den jeweils lokal verfügbaren pflanzlichen Farbstoffen behandelt. Indischer Kattun wurde mit Indigo blau, mit Krapplack rosa, mit Granatapfelschale grün und mit Gelbwurz gelb gefärbt. In Europa und Nordamerika wurden andere Pflanzen verwendet: Liguster, Reseda und Sonnenblumen für Gelb, Salomonssiegel für Grün, Färberwaid für Blau, Blutwurz für Rot. Harris Tweed färbte man ursprünglich mit Moos- und Flechtenextrakten aus der Region. Pflanzenfarben haben weder die volltonige Harmonie der Erd- noch die Leuchtkraft der mineralischen Pigmente, aber ihre gedämpften Töne wirken wohltuend und gefällig.

Die Produktion synthetischer Farbstoffe machte leuchtende Farben für jedermann erschwinglich, doch vielfach ging dies auf Kosten der farblichen Feinheiten. Morris und andere Vertreter der Arts-and-Crafts-Bewegung setzten dieser Entwicklung ihre Auffassung entgegen, daß natürliche Farbstoffe bestimmte Vorzüge haben, und griffen traditionelle Methoden der Farbenherstellung auf. Morris nahm sich die sanften Farben mittelalterlicher Wandbehänge zum Vorbild. Die Sensibilität, die er im Umgang mit Pflanzenfarben entwickelte, und seine bestechenden Entwürfe für Stoff- und Tapetenmuster haben seine Popularität begründet, die ihn auch heute noch zum Vorbild vieler Designer macht.

BALLETS-RUSSES- UND ART-DÉCO-FARBEN

Anfang des 20. Jahrhunderts beschritt die dekorative Kunst beim Gebrauch von intensiven, lebhaften Farben neue Wege. 1909 trat Sergei Diaghilews »Russisches Ballett« erstmals in Paris auf und machte Westeuropa mit der reichen Tradition der dekorativen Künste Rußlands bekannt. In Léon Baksts brillanten Bühnenbildern verstärkten Schwarz und »Mitternachtsblau« die Leuchtkraft von Smaragd- und Gelbgrün, Lila, Purpur, Orange, Gold und Silber.

Stärker geometrisch in der Form- und weniger exaltiert in der Farbgebung, trat der Art déco erstmals zur Pariser Weltausstellung 1925 auf den Plan. Seine bevorzugten Farben waren Orange und Grün, dessen Bandbreite von Seladongrün bis zu bläulichem Mint reichte.

Oben Schlafzimmer in Charleston Farmhouse, West Sussex. **Unten** In einem Künstleratelier in Oxfordshire. **Rechts** Art-déco-Treppenhausbemalung aus Karl Leuth: *Moderne Wand- und Decken-Dekoration* (Dresden, 1928).

Seite 166 oben Von Dame Laura Knight entworfenes Eßgeschirr (30er Jahre). **Seite 166 unten** »Modernes Schlafzimmer in lebhaften Farben«. Illustration aus Edward Thorne: *Decorative Draperies and Upholstery* (1929).

FARBEN DER TROPEN

Tropisches Klima verlangt nach kraftvollen, leuchtenden Farben, die bei strahlender Sonne ebenso bestehen können wie im tiefen Schatten. Die Skala der tropischen Farben ist breit, aber die kunterbunte Menge der Rot-, Blau- Grün- und Gelbtöne hat eine gewisse Reinheit und Leuchtkraft gemeinsam, die sie untereinander harmonieren läßt. Das grelle Licht der Tropen verwischt oft die Grenzen, so daß sich leuchtendes Türkis mit einem warmen Ultramarin und Scharlachrot mit Purpurrot vertragen kann.

Obwohl überwiegend reinbunt, sind die tropischen Farben nicht unverfälscht rein wie die Primärfarben. Meist verleiht ihnen eine Spur von einer zweiten Farbe ihren eigentlichen Charakter.

Oben *Ein Engländer auf einem Elefanten schießt auf einen Tiger* (Aquarell, um 1830). **Links** Innenhof eines Tempels in Jodhpur (Foto mit frdl. Genehm. von Barbara Lloyd).

Seite 168 oben Arrangement tropischer Früchte in einem Eßzimmer in Mexiko-Stadt. **Seite 168 unten** Balkon eines Hauses in Echo Park, einem Stadtteil von Los Angeles.

DIE FARBPALETTE DER MODERNE

Das Bauhaus hat entscheidenden Anteil an der Entwicklung der modernen Farbpalette. An der 1919 von Walter Gropius in Weimar gegründeten Schule (später Dessau und Berlin) wurden gestaltendes Handwerk, Architektur und bildende Kunst im Hinblick auf die Wechselwirkungen von Form und Funktion gelehrt. Klarheit und Einfachheit waren auch bei der Farbgestaltung oberstes Prinzip.

Kurze Zeit vorher war mit Titandioxidweiß ein lichtbeständiges, stark deckendes Weiß entdeckt worden, das nun häufig benutzt wurde. Auf weißem Hintergrund setzte man gern kräftige Farben, wie die Primärfarben und Schwarz, ein.

Oben Reproduktion des *Rot-blauen-Stuhls* (um 1923/24) von Gerrit Thomas Rietveld. **Oben rechts** *Herbstlaub* (Aubusson-Teppich, 1971). **Rechts** Modernes Londoner Wohnzimmer.

Farben mischen

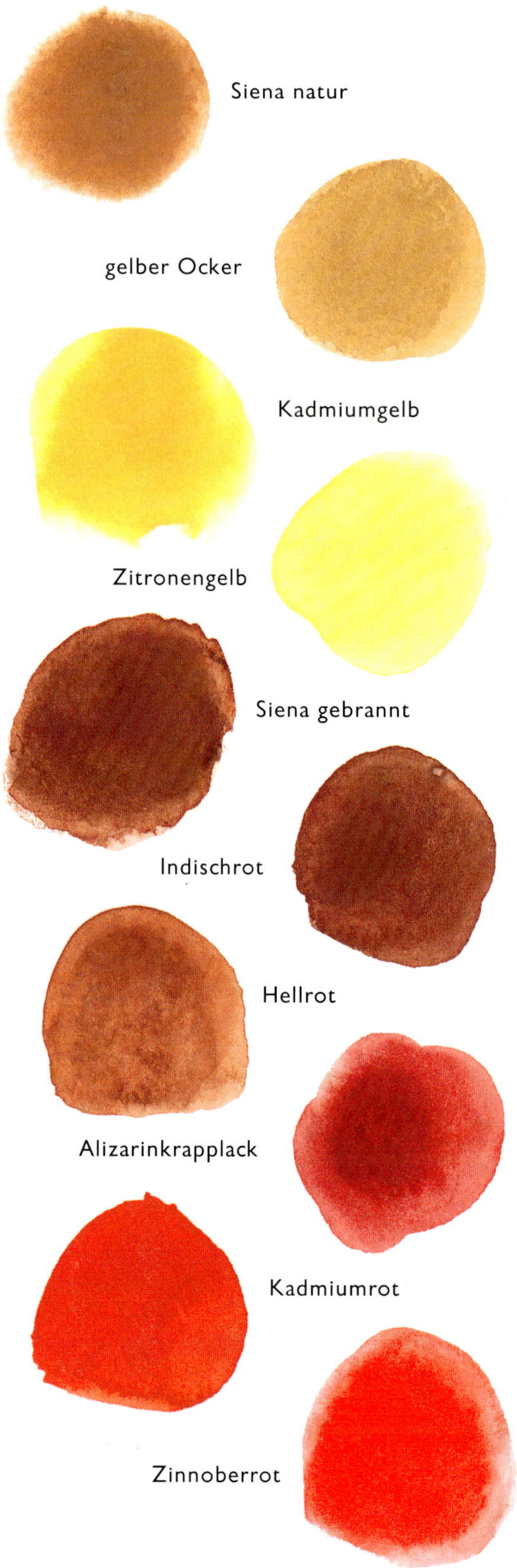

PIGMENTE

Malfarbe enthält zwei wesentliche Bestandteile: den Farbstoff (das Pigment) und das Bindemittel. Die Pigmente werden meist mit Öl (Künstlerölfarben) oder mit Acryl gebunden, man kann sie aber auch in Pulverform oder als sog. Abtönfarben kaufen. Sowohl für die organischen als auch für die anorganischen Pigmente gibt es billige, synthetisch hergestellte Äquivalente.

Wer sich für eine historisch genaue Farbdatierung interessiert, sollte berücksichtigen, daß im 19. Jahrhundert zwischen der Erfindung und der Verfügbarkeit eines Pigments im Handel gewöhnlich etwa zwanzig Jahre vergingen.

Die Herstellung von Farben auf Kunststoffbasis hat den Innenarchitekten und Gestaltern eine immer größere Farbauswahl beschert, aber die meisten Farbeffekte lassen sich mit der relativ geringen Zahl von Pigmenten erzielen, die wir hier abgebildet haben. Bevor man sie aber im einzelnen betrachtet, sollte man ihre grundlegenden Eigenschaften kennen.

Pigmente besitzen eine unterschiedliche Deckfähigkeit. Deckende Farben, wie z.B. Kadmiumrot und Cölinblau, decken einen farbigen Untergrund völlig ab. Transparentere Pigmente werden dagegen von der darunterliegenden Farbe so beeinflußt, daß sie von ihr mehr oder weniger getönt werden. Intensive Pigmente, wie Ultramarin und Preußisch-

Siena natur aus eisen- und manganhaltiger Tonerde. In bester Qualität bei Siena in der Toskana verfügbar. Rötlicher, brauner, dekkender und lichtechter als gelber Ocker.

Gelber Ocker aus eisenhaltiger Tonerde. In vielen Gegenden abbaubar. Er kommt in mehreren stumpfen Gelbtönen vor, die alle deckend und lichtecht sind.

Kadmiumgelb aus Kadmiumsulfid. Ersetzt weniger lichtbeständige ältere Chromgelbtöne. Warme Tonwertskala mit leuchtend intensiven und halbtransparenten Tönen.

Zitronengelb, ein kühler, blasser, transparenter Gelbton. Die besten Qualitäten basieren auf Diaryl-Gelb, Kadmium und Barium.

Siena gebrannt durch Erhitzen von Siena natur. Eine volltonige Farbe, lichtbeständig und transparent, aber von geringer Farbergiebigkeit. Der am wenigsten kreidehaltige von allen Rotbrauntönen. Verleiht beim Abtönen Tiefe und Prägnanz.

Indischrot, ein bläuliches, deckendes, lichtechtes Pigment, das Spanischrot ersetzt. Färbt gut und kann, wenn man Rosatöne erzielen will, mit Weiß gemischt oder als Tünche verwendet werden.

Hellrot, das Venezianischrot ersetzt, umfaßt die intensiven Eisenoxide, wie die Marsfarbe oder Englischrot, die im Vergleich zu Indischrot leuchtender sind und mehr zu Scharlachrot tendieren. Gut dekkend, farbergiebig. Mit Weiß gemischt oder als Tünche erhält man verschiedene Lachsrosatöne.

Alizarinkrapplack, ein seit 1868 synthetisch hergestelltes, organisches Pigment. Ein kühler Rotton, der Wurzelkrapplack und Karminlack ersetzt. Klar und transparent, daher als Lackpigment geeignet.

Kadmiumrot gibt es seit den 1920er Jahren. Besteht aus drei Teilen Kadmiumsulfid und zwei Teilen Kadmiumselenid. Warmer, zu Rotorange tendierender Ton. Lichtecht, gut deckend und ergiebig.

Zinnoberrot aus Quecksilbersulfid. In Europa seit dem 18. Jahrhundert in Gebrauch. Ein deckendes, leuchtendes Rot, das aber nicht sehr lichtbeständig ist. Manche Qualitäten dunkeln stark nach.

blau, decken wiederum dank ihrer Farbtiefe gut ab, obwohl sie transparent sind. Manche Pigmente färben schon in kleinen Mengen sehr stark, während andere, wie Kobaltblau und Chromoxidgrün, schwächer färbend sind.

Alle abgebildeten Pigmente sind normalerweise lichtecht. Die Erdfarben Ocker, Siena und Umbra sowie Kobalt- und Cölinblau sind absolut lichtecht. Auch in puncto gleichmäßige farbliche Beschaffenheit sind Erdfarben – sogar in billigeren Qualitäten – verläßlich. Erhebliche farbliche Schwankungen gibt es dagegen bei Kadmiumrot, Alizarinkrapplack, Cölin- und Kobaltblau; vom Kauf billiger Sorten dieser Pigmente ist daher abzuraten.

Pigmente verhalten sich in Verbindung mit verschiedenen Bindemitteln unterschiedlich. Getrocknete Ölfarbe wirkt z.B. heller als eine getrocknete Farbe auf Wasserbasis desselben Farbtons. Je nach Herstellungsart fallen die Pigmente ebenfalls unterschiedlich aus. Man sollte sich daher vor dem Kauf beraten lassen, vor allem, wenn es um Pigmente mit einem bekanntermaßen großen Tonumfang geht: Erdfarben wie Umbra natur und Hellrot oder helle Ultramarin-, Kadmiumrot- und Phthalocyaningrüntöne. Außerdem ist zu bedenken, daß manche Pigmente Tönungen enthalten, die von ihrem Hauptton abweichen und deutlicher in Erscheinung treten, wenn man die Farbe lasierend verwendet oder mit Weiß abtönt.

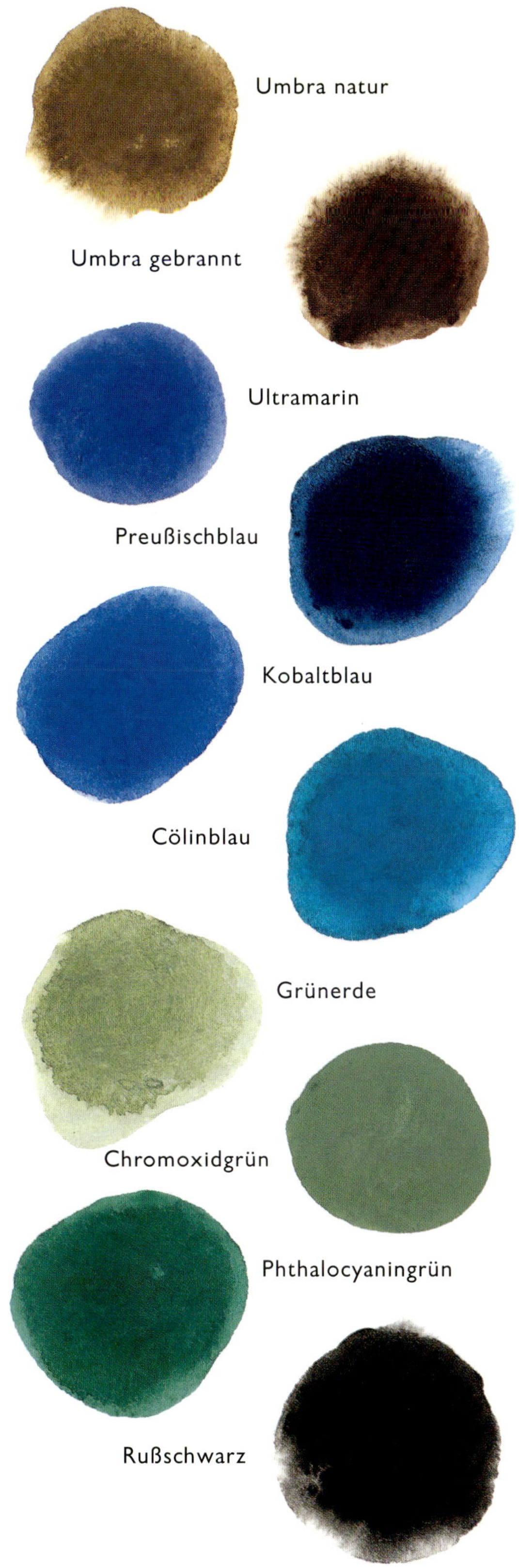

Umbra natur aus Tonerde, die mehr Mangan enthält als diejenige, aus der Siena natur gewonnen wird. Das kühle Dunkelbraun variiert zwischen Grün- und Violettbrauntönen, ist halbopak und absolut lichtecht.

Umbra gebrannt aus gerösteter Umbra natur ist wärmer, rötlicher und transparenter als das Ausgangspigment. Lichtecht, hohe Färbekraft; kann mit Ultramarin zu tiefen, kräftigen Schattierungen und Schwarz gemischt werden.

Ultramarin, ursprünglich aus Lapislazuli, seit 1828 auch synthetisch. Ein warmes, nach Violett tendierendes, intensives Blau mit hoher Färbe- und Deckkraft, obwohl es halbtransparent ist. Bei den meisten Maltechniken lichtbeständig.

Preußischblau, Eisenhexacyanoferrat, ein Eisenzyanidpigment, seit ca. 1724 als Pigment erhältlich. Intensiver Grünblauton, der allerdings nicht immer lichtecht ist und daher oft durch das lichtbeständigere Phthalocyanin ersetzt wird, das ihm sonst in Beschaffenheit und Aussehen gleicht: Beide sind transparent und sehr färbekräftig.

Kobaltblau aus Kobalt- und Aluminiumoxid und Phosphorsäure. Lichtecht und leuchtend; ähnlich, aber nicht so tief oder intensiv wie Ultramarin; leichte Grünschattierung.

Cölinblau aus Zinnoxiden und Kobalt ist ein teures Pigment. Kräftiges Hellblau mit Grünschattierung, opak und von verläßlicher Lichtechtheit.

Grünerde (Terra verde), ein natürliches Pigment aus Eisen und Mangan. In Öl halbtransparent, von geringer Färbe- und Deckkraft. Besitzt größere Substanz in Farben auf Wasserbasis.

Chromoxidgrün, seit 1809 bekannt. Blasses, kühles, opakes Pigment. Geringe Färbekraft, aber lichtbeständig in Verbindung mit allen Malmitteln.

Phthalocyaningrün, eingeführt 1938. Lichtechtes, transparentes Pigment mit sehr hoher Färbekraft.

Rußschwarz aus reinem Kohlenstoff. Kühler, bläulicher Schwarzton. Lichtecht, gute Deck- und Färbekraft.

Oben Es gibt organische und anorganische Pigmente. Von den letzteren sind hier einige Erdpigmente (hinten) und mineralische Pigmente (vorne) abgebildet.

WIE MAN ANSTRICHFARBEN UND FARBTÖNE MISCHT

Ob man fertig gemischte Farben kauft oder seine Farben selbst mischen möchte – in beiden Fällen kommt man nicht ohne einige Grundkenntnisse über Zusammensetzung und Gebrauch der verschiedenen Malfarben sowie das Mischen von Farbtönen aus. Sie sind die Voraussetzung für eine sichere, gezielte Wahl.

Anstrichfarben

Malfarben, wie wir sie heute kennen, sind hinsichtlich Lichtechtheit, Handhabung und Verarbeitung ständig verbessert worden. In früheren Zeiten wurden Pigmente in Wasser oder in Öl verrührt. Leinöl spielt in der industriellen Farbherstellung immer noch eine gewisse Rolle, aber im allgemeinen werden Anstrichfarben heute als Dispersionsfarben (synthetische Harze) hergestellt; Ölfarben sind heute synthetische Ölharze; Farben auf Wasserbasis gibt es in Form von PVA- oder PVC-Copolymeren. Die Vorzüge – bessere Haltbarkeit und Verarbeitung – wurden in vielen Fällen allerdings durch die potentielle Giftigkeit der petrochemischen und anderen Substanzen erkauft, die natürliche, nicht-erneuerbare Ressourcen aufbrauchen und zur Umweltverschmutzung beitragen. Außerdem behindern die synthetischen Anstriche die Atmungsfähigkeit des Malgrundes, den sie bedecken. Heute entwickeln mehr und mehr Menschen ein Bewußtsein für die Vorzüge traditioneller Anstrichtechniken (z. B. Kalken und Tünchen) und für die Umweltschädlichkeit mancher synthetischer Farben. Einige Naturfarbenhersteller führen Malfarben mit organischen Pigmenten sowie Binde- und Lösungsmittel. Das Wissen über deren Vorzüge und Gebrauch ist allerdings noch nicht sehr weit verbreitet. Es lohnt sich auf jeden Fall, sich über die Herstellung der Farben zu informieren, die man benutzen will, und sich über ihren Gebrauch Gedanken zu machen, ehe man mit der Arbeit beginnt.

Farbensorten Man unterscheidet zwischen Farben, mit denen man Wandverputz, Holz, Metall, Kacheln und Fliesen, Beton und Tapeten anstreicht. Es gibt Sprayfarben, nicht-tropfende Farben, stabile Emulsionsfarben sowie Farben auf Wasserbasis (letztere scheinen mehr und mehr im Trend zu liegen). Jedenfalls ist die Auswahl größer, als der übliche Heimwerkermarkt sie bietet; in manchen Fällen kann nur ein Farbenfachgeschäft weiterhelfen. Grundsätzlich unterscheidet man zwei Arten von Malfarben: solche auf Wasser- und solche auf Ölbasis. Außerdem kann das Finish, der Deckanstrich, drei verschiedene Qualitäten aufweisen: matt, halbmatt (seidenmatt) und glänzend.

Farbtöne anmischen

Heute sind mehr fertig gemischte Anstrichfarben erhältlich als je zuvor. Der Vorteil, einen bestimmten Farbton fertig in der Dose zu kaufen, liegt auf der Hand: Die Farbe ist einfach zu verarbeiten, und normalerweise kann man denselben Ton nachkaufen. Es ist z. B. besonders schwierig, dunkle Töne zu mischen. Fehler können ziemlich stark zu Buche schlagen. In diesem Fall empfiehlt sich also der Kauf einer fertig gemischten Farbe.

Andererseits ist es aber nicht leicht, nach den kaum briefmarkengroßen Farbmustern im Laden den richtigen Farbton auszuwählen, und nicht immer sind Probedosen für alle Farbtöne vorhanden. Da Farben naß und trocken unterschiedlich aussehen, kauft man besser erst eine kleine Dose zum Ausprobieren. Wenn man sich den Farbton, den man haben möchte, aber nicht kaufen oder anmischen lassen kann, muß man ihn sich selbst mischen. Grundsätzlich braucht man zum Farbenmischen Erfahrung und Einfühlungsvermögen. Man entdeckt dann, daß man manche Farben – vor allem die gesättigten Töne – nur auf eine Art mischen kann. Bei den meisten anderen aber gibt es mehrere Möglichkeiten. Wichtig ist die Ausgangsfarbe. Man kann eine Farbe auf Wasser- oder eine auf Ölbasis benutzen, nur muß man dann bei dem gewählten Medium/Bindemittel bleiben. Für einen hellen oder mittleren Farbwert nimmt man eine weiße (aber keine brillantweiße) Ausgangsfarbe. Eine transparente Grundierung (transparente Öllasierung, Lasierung auf Wasserbasis oder Leim) benutzt man, wenn man eine große Farbtiefe erreichen will. Das transparente Grundiermittel sieht in der Dose milchig trüb aus, der getrocknete Anstrich ist aber klar. Das richtige Mischungsverhältnis sollte man mit kleinen Mengen ausprobieren, die man bei jedem Versuch präzise notiert.

Sekundärfarben Primärfarben kann man nicht mischen, weswegen es sehr schwer ist, sich selbst Sekundärfarben zu mischen. Wir empfehlen den Kauf von Sekundärfarben, die dann je nach Bedarf abgetönt werden können. Dabei ist es wichtig, sich an die theoretischen Grundlagen zu erinnern; am besten sieht man den gewünschten Farbton auf dem Farbkreis vor sich. Grundsätzlich gilt: Wenn die Farbmischung schmutzig wird, werden Komplementärfarben oder zu viele Farben auf einmal gemischt. Mit ein wenig Zeit, Geduld und Experimentierfreude fühlt man sich beim Farbenmischen bald sicherer. Wenn sich jemand z. B. ein Violett mischen will, wird er wahrscheinlich eine stumpfe, bräunliche Farbe bekommen und nicht den reinen Farbton, den er sich vorgestellt hat. Ihn erhält man, wenn man folgende Faustregel befolgt: Mischen sollte man Pigmente, die harmonieren oder auf dem Farbkreis nah beieinander liegen. Ein schönes Violett entsteht also aus Tönen im Blauviolett- und Rotviolettbereich und nicht aus solchen im Rotorange- oder Grünblaubereich. Schwierig zu mischen sind auch Grüntöne. Ein guter, reiner Grünton läßt sich mit einem Grünblau, z. B. Preußischblau, gemischt mit Zitronengelb, erzielen. (Ein rötliches Blau und ein Gelborange würden das Grün braun färben.) Tertiärfarben sind leichter zu mischen, weil sie noch weniger »rein« sind als Sekundärfarben.

Leuchtkraft und Tiefe Ein intensiver Farbton kann nicht gemischt werden, da er auf reinem, hochqualitativem Pigment ohne Verschmutzung, Dämpfung oder Aufhellung mit Weiß beruht. Eine intensive Farbe wird in einer Öllasur verrührt auf eine weiße Grundierung aufgetragen. Eine leuchtende Farbe kann nicht leuchtender gemacht werden, aber man kann ihre Eigenschaften durch Erhöhung des Pigmentanteils betonen. Mischt man aber Weiß hinzu, wird die Leuchtkraft bald verschwinden und werden warme Farben kühler.

Feinheit und Dämpfung Wieder wird die Farbe in einer Öllasur verrührt, dann ein wenig vom komplementären Farbton hinzugefügt; so wird die Farbe feiner. Eine größere Menge von der Komplementärfarbe macht sie stumpfer und schmutzig; schließlich wird sie dunkelbraun.

Abdunkeln Mit Schwarz sollte man vorsichtig umgehen, denn damit ist man schnell bei einem gänzlich stumpfen Ton angelangt. Dagegen kann man der Farbe, sobald sie in einer Öllasur verrührt ist, Komplementärfarbe oder Umbra natur beimischen. Man kann auch mit einer dunkleren Grundierung beginnen oder den Pigmentanteil der Ausgangsfarbe erhöhen.

Blasse Farben Am besten beginnt man mit einer weißen Grundfarbe in einem großen Gefäß. Dann schüttet man einen kleinen Teil davon in ein kleineres Gefäß und gibt Pigment oder Farbe hinzu, bis der gewünschte Ton erreicht ist. Er wird noch etwas heller werden, wenn die restliche weiße Farbe hinzukommt. Den Probeanstrich mit dem Fön trocknen, um den Farbton im trockenen Zustand zu prüfen.

Abtönen mit Abtönfarben oder Künstleracrylfarben Es gibt eine Vielzahl von universellen Abtönfarben für Farbmischungen, deren Skala aber sehr beschränkt ist. Eine größere Farbskala steht zur Verfügung, wenn man Künstleracrylfarben mit weißer Farbe auf Wasserbasis oder wenn man Künstlerölfarben mit matten, halbmatten oder glänzenden Anstrichfarben auf Ölbasis mischt. Mit Künstlerfarben erhält man eine umfangreichere, differenziertere Farbskala; dabei muß man aber bedenken, daß Künstlerölfarben kein Trockenmittel enthalten, so daß die zugesetzte Farbe ölig bleibt und der Anstrich mehr Zeit zum Trocknen braucht. Öl- und Acrylfarben sind auch nicht so konzentriert wie universelle Abtönfarben.

Die folgenden Mischbeispiele, die zeigen, wie Farben aufeinander reagieren, vermitteln einen visuellen Eindruck vom Farbenmischen.

Anleitungen zum Farbenmischen

Am einfachsten ist folgende Methode:

1 Man nimmt einen Eimer mit weißer Farbe (halbmatte oder glänzende Farbe auf Öl- oder auf Wasserbasis).
2 Etwas Abtönfarbe dazugeben.
3 Kräftig verrühren.
4 Farbanstrich ausprobieren.
5 Falls nötig, mehr Abtönfarbe zugeben.

Wie man aus Farben auf Wasserbasis und Künstleracrylfarben einen eigenen Farbton mischen kann:

1 Acrylfarbe mit Wasser vermischen und kräftig verrühren, bis keine Klumpen mehr vorhanden sind.
2 Kleine Mengen davon in die Farbe auf Wasserbasis schütten, die Farbmischung ständig auf einem vorbereiteten Malgrund ausprobieren und kräftig umrühren.
3 Probeanstrich.
4 Falls nötig, mehr Acrylfarbe zugeben.

Künstlerölfarben mit Farbe auf Ölbasis mischen:

1 Ölfarbe mit etwas Terpentinersatz (z. B. Testbenzin) oder Terpentinöl verrühren, bis keine Klumpen mehr vorhanden sind.
2 In die matte, halbmatte oder glänzende Ölfarbe schütten und kräftig verrühren.
3 Farbton ausprobieren, dabei bedenken, daß Öl in der Malfarbe länger zum Trocknen braucht als Abtön- oder Acrylfarbe.
4 Falls nötig, mehr Ölfarbe zugeben.

Anleitung zum Streichen

Der beste Schutz für den Streichgrund wird erreicht, wenn man ihn in mehreren Schichten überstreicht. Zumindest aber sollte man eine Grundierung anlegen, darüber eine erste Schicht streichen, um die Grundierung abzudecken und den Grundstock für weitere Schichten zu legen, und dann das Finish, die Deckschicht, auftragen, die der Oberfläche ihr endgültiges Aussehen verleiht.

Zitronengelb
und Weiß

Zitronengelb
und Kadmiumgelb

Zitronengelb,
Mauveblau
und Weiß

Gelber Ocker und Weiß

Gelber Ocker,
Zitronengelb
und Siena natur

Siena natur,
Umbra natur
und Weiß

Siena natur und Weiß

Indischrot,
Kadmiumgelb
und Weiß

Kadmiumgelb und Weiß

Kadmiumgelb
und gelber Ocker

Kadmiumgelb,
Kadmiumrot und
Weiß

Kadmiumgelb,
Mauveblau
und Weiß

Kadmiumgelb
und Kadmiumorange

Kadmiumgelb,
Siena gebrannt
und Weiß

Kadmiumgelb,
Hellrot und
Weiß

Neapelgelb

Kadmiumorange,
Umbra gebrannt
und Weiß

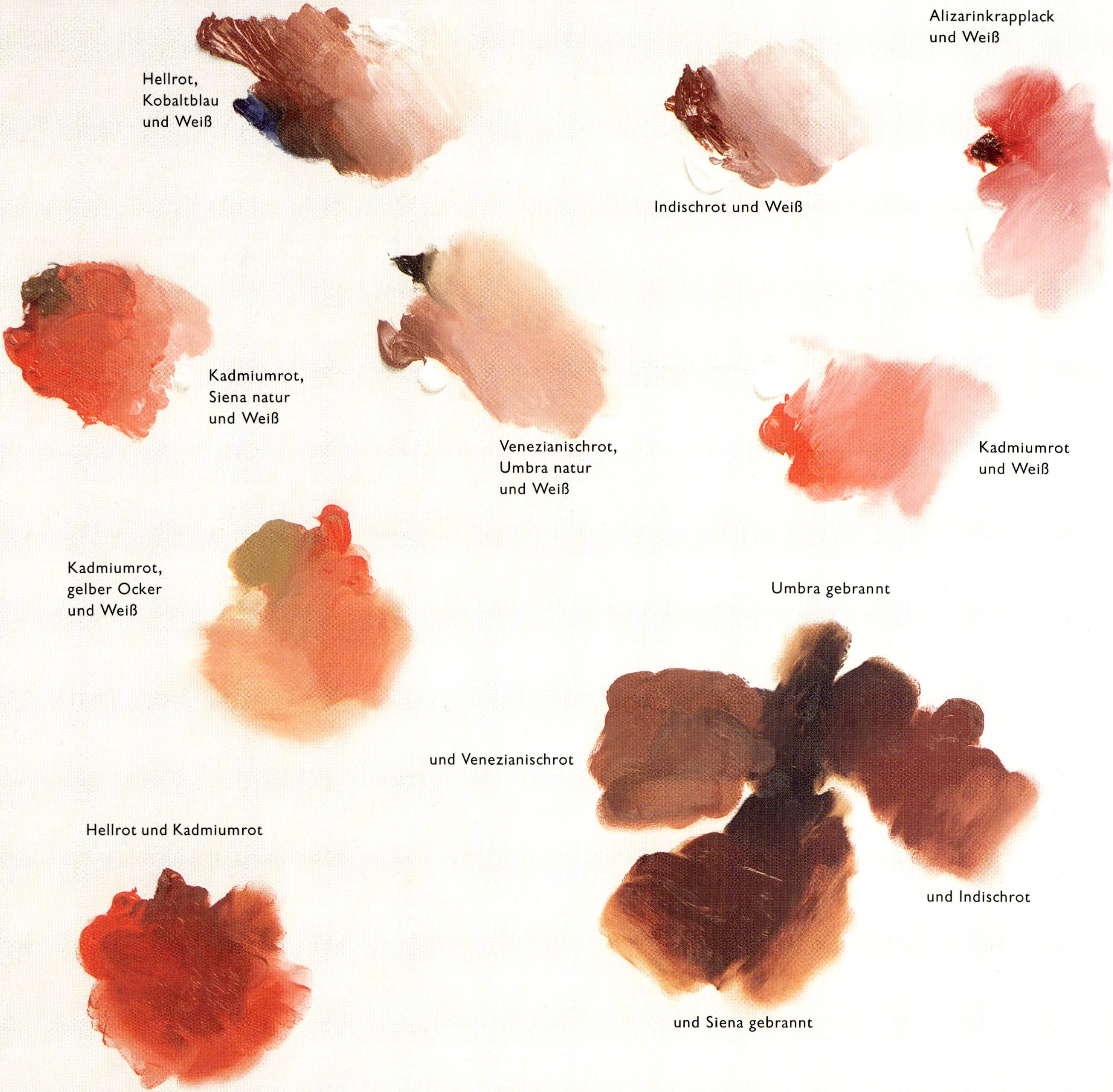
Hellrot, Kobaltblau und Weiß
Indischrot und Weiß
Alizarinkrapplack und Weiß
Kadmiumrot, Siena natur und Weiß
Venezianischrot, Umbra natur und Weiß
Kadmiumrot und Weiß
Kadmiumrot, gelber Ocker und Weiß
Umbra gebrannt
und Venezianischrot
und Indischrot
und Siena gebrannt
Hellrot und Kadmiumrot

Alizarinkrapplack
und Ultramarin

Alizarinkrapplack
und Viridiangrün

Kobaltviolett
und Weiß

Alizarinkrapplack
und Umbra gebrannt

Alizarinkrapplack
und Siena gebrannt

Mauveblau und Weiß

Kadmiumrot
und Ultramarin

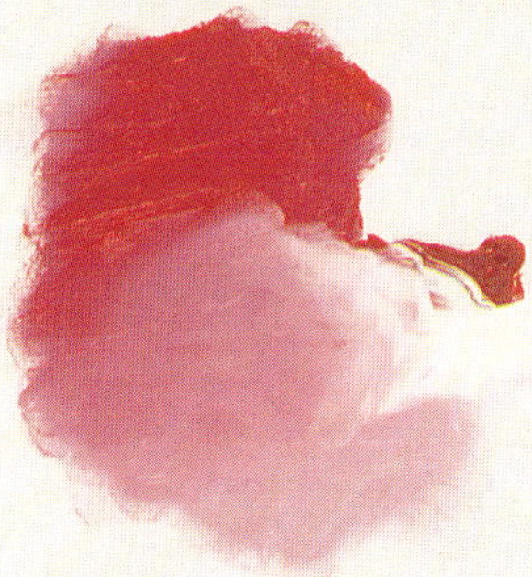

Permanentrosa
und Weiß

Magenta und Weiß

Der Zusatz von braunen oder gelben Pigmenten kann die Purpurtöne dämpfen.

Kobaltblau, Kadmiumorange und Weiß
Kobaltblau, Cölinblau
und Weiß
Kobaltblau und Preußischblau
Ultramarin,
Alizarinkrapplack
und Weiß
Ultramarin,
Kadmiumorange
und Weiß
Ultramarin,
Mauveblau
und Weiß
Kobaltblau
und Ultramarin
Kobaltblau und Weiß
Ultramarin und Weiß
Kobaltblau,
Ultramarin
und Weiß

Kobaltblau, Umbra gebrannt und Weiß

Preußischblau,
Umbra natur
und Weiß

Ultramarin,
Umbra gebrannt
und Weiß

Ultramarin,
Umbra natur
und Weiß

Cölinblau,
Viridiangrün
und Weiß

Kobaltblau,
Cölinblau,
Umbra natur
und Weiß

Kobaltblau und Cölinblau

Cölinblau,
Umbra natur
und Weiß

Viridiangrün
Cölinblau
und Weiß

Viridiangrün,
und Kobaltblau

Viridiangrün und Umbra natur

Viridiangrün,
Umbra natur
und Weiß

Preußischblau
und Zitronengelb

Chromoxidgrün und Weiß

Chromoxidgrün,
gelber Ocker
und Weiß

Cölinblau und Viridiangrün

Grünerde und Weiß

Kadmiumgelb
und Schwarz

Zitronengelb
und Schwarz

Zitronengelb
und Viridiangrün

Kadmiumgelb,
Ultramarin
und Weiß

gelber Ocker,
Preußischblau
und Weiß

Zitronengelb
und Cölinblau

Zitronengelb
und Kobaltblau

Zitronengelb,
Kobaltblau
und Weiß

Zitronengelb,
Viridiangrün
und Weiß

Umbra gebrannt
und Alizarinkrapplack
Umbra gebrannt
und Siena gebrannt
Siena gebrannt
und gelber Ocker
Umbra gebrannt
und Kadmiumrot
Umbra natur
und Weiß
Umbra gebrannt
und Weiß
Siena natur,
Umbra natur
und Weiß
gelber Ocker,
Kadmiumgelb
und Weiß
gelber Ocker,
Umbra natur
und Weiß
Siena natur
und Weiß
Neapelgelb
und Weiß

Chromoxidgrün,
Umbra natur,
gelber Ocker
und Weiß
Umbra natur,
Alizarinkrapplack
und Weiß
Kadmiumorange,
Kobaltblau
und Weiß
Mauveblau,
Kadmiumgelb
und Weiß
Kadmiumrot,
Viridiangrün
und Weiß
Preußischblau,
Umbra natur
und Weiß
Preußischblau
und Umbra natur
Ultramarin,
Umbra gebrannt
und Weiß
Kadmiumrot,
Kobaltblau
und Kadmiumgelb
Umbra natur,
Kobaltblau
und Weiß
Payne's Grau und Weiß
Rußschwarz und Weiß
Elfenbeinschwarz
und Weiß

MALMITTEL

Farben auf Ölbasis

Diese Farben trocknen langsamer als solche auf Wasserbasis. Ihr großer Vorteil ist aber, daß sie recht strapazierfähig und im allgemeinen abwaschbar sind. Von Nachteil ist, daß man Pinsel und anderes Werkzeug in Lösungsmitteln reinigen muß; Wasser reicht dazu nicht aus. Außerdem muß man einen Grundanstrich aufbringen. Die traditionelle Ölfarbe setzte sich aus Bleiweiß, rohem Leinöl, einem Lösungsmittel wie Terpentinöl, Trocknungsmitteln und Pigmenten zusammen. Heute wird statt Leinöl eine Mischung aus Ölen und Harzen verwendet, wodurch die Halt- und Streichbarkeit sowie der Glanz der Ölfarben verbessert werden konnten. Nach dem Aussehen der getrockneten obersten Schicht – oder trockenen Oberfläche (Finish) – unterscheidet man drei Arten von Ölfarben.

Matter Anstrich Die Textur des Anstrichs ähnelt der einer Farbe auf Wasserbasis. Matt trocknende Ölfarben sind in Fachgeschäften erhältlich. Sie lassen sich gut vermalen, sind deckend und wirken elegant; allerdings ist die Oberfläche nicht sehr strapazierfähig, weshalb man sie z. B. nicht in Durchgangsbereichen verwenden sollte. Nachdem sie zeitweilig aus der Mode waren, hat in letzter Zeit eine vermehrte Nachfrage dafür gesorgt, daß sie von großen Farbenherstellern wieder ins Programm genommen wurden. (Eine große Bandbreite farblicher Gestaltungsmöglichkeiten ergibt sich, wenn man halbmatte/seidenmatte Farben mit speziellen Zusätzen Glanz entzieht, so daß man ebenfalls ein mattes Finish erhält.)

Halbmatter/seidenmatter Anstrich Der getrocknete Anstrich hat den matten Glanz eines Eies. (Daher werden Farben mit diesem Finish in den angelsächsischen Ländern »Eggshell« genannt.) Sie sind gut vermalbar, abwaschbar und in einer umfangreichen Tonpalette erhältlich, allerdings weniger in Bau- und Heimwerkermärkten als in guten Fachgeschäften. (Die seidenglänzende Variante dieser Farben zeichnet sich durch ein glänzenderes Finish aus.) Halbmatte Anstrichfarben eignen sich – auf Wänden wie auf Holz – für dekorative Effekte, die mit Tupf-, Wickel- und ähnlichen Techniken erzielt werden können.

Glänzender Anstrich Glänzend trocknende Farben verwendet man eher für den Holz- als für den Wandanstrich. Sie sind zwar abwaschbar und strapazierfähig, aber nicht sehr elastisch und blättern daher leicht ab. Außerdem ist ihre Textur viel unregelmäßiger als bei den halbmatten Farben.

Farben auf Wasserbasis

Diese Farben sind leichter vermalbar als Ölfarben, aber nicht so strapazierfähig. Sie bestehen aus zwei Komponenten: aus Polymeren und (meistens) Wasser. Vom Kauf billiger Farben auf Wasserbasis, die wenig Deckkraft haben, ist abzuraten. Man kann diese Farben abwischen, aber nicht abwaschen. Man teilt sie ebenso in drei Gruppen ein wie die Ölfarben.

Matter Anstrich Matte Wasser- und Polyvinylacetat-(PVA)-Farben haben etwas mehr Glanz als die matten Ölwandfarben. Sie sind nicht teuer, lassen sich leicht verarbeiten und trocknen schnell. Man kann sie auch als Grundierfarbe für dekorative Techniken verwenden, und manche Sorten decken mit einem Anstrich.

Halbmatter/seidenmatter Anstrich Es werden einige halbmatte Farben auf Wasserbasis angeboten, die in der Bezeichnung meist den Zusatz »Seide« oder »Samt« führen, leicht glänzen und eher auf Wänden als auf Holz verstrichen werden. Sie decken nicht so gut wie die matten Farben auf Wasserbasis, sind dafür aber strapazierfähiger. Seit kurzem ist auch eine schnell trocknende, matte Acrylfarbe für den Holzanstrich erhältlich.

Glänzender Anstrich Glänzend trocknende Farben auf Wasserbasis gibt es im Prinzip nicht. Ansätze, sie einzuführen, scheiterten an der konservativen Einstellung der Verbraucher oder erwiesen sich als nicht so haltbar wie die entsprechenden Ölfarben. Fortschritte in der Acrylfarbentechnik haben mittlerweile zu einem Angebot an halbglänzenden Farben geführt, das schon bald um glänzende Acrylfarben erweitert werden wird. Um ein glänzenderes Finish zu bekommen, kann man Farbe auf Wasserbasis mit entsprechendem PVA-Leim überstreichen, der verdünnt werden kann und getrocknet wie Firnis glänzt. Nicht überall erhältlich ist glänzender Firnis auf Wasserbasis, mit dem derselbe Effekt erzielt werden kann.

Firnis

Mit Firnis gibt man einem Anstrich eine transparente, schützende Deckschicht, verleiht ihm zusätzlichen Glanz und erhöht die Farbwirkung. Wie die Anstrichfarben werden Firnisse auf Öl- oder Wasserbasis hergestellt und matt, halbmatt oder glänzend angeboten. Firnis auf Ölbasis besteht aus einer Mischung aus Ölen, Harzen und Lösungsmitteln, Firnis auf Wasserbasis meist aus Acrylharzen. Obwohl ihre Wirkung nicht sehr groß ist, werden in der Innenarchitektur matte und halbmatte Firnisse bevorzugt. Wenn man in mehreren Schichten firnißt, sollte für die Grundschicht in jedem Fall glänzender Firnis verwendet werden, auch wenn das Ergebnis nicht glänzend sein soll. Ölfirnisse müssen sorgfältig ausgesucht werden, da sie gelbstichig werden können. Firnisse für Hochseejachten z. B. sollen vor Wind und Wetter, gegen Korrosion durch Meersalz und die UV-Strahlen der Sonne schützen. Für Schiffsholz sind sie genau das richtige, eine blaßblaue getupfte Wand würde ihr Gelbton aber grün erscheinen lassen. Der bereits erwähnte Firnis auf Wasserbasis ist ziemlich schwach und eignet sich nur dazu, Tapeten und andere Oberflächen wischfest und ein bißchen haltbarer zu machen. Seit einigen Jahren gibt es brauchbare Firnisse auf Wasserbasis, von denen manche auch dem Fußboden genügend Schutz geben und die man gut auf hellen Flächen verwenden kann, weil sie nicht gelb verfärben und schnell trocknen. In Firnissen kann man Pigmente verrühren, um eine Fläche mit Farbe zu »überfluten«. Firnis wird oft mit Lack verwechselt, beide haben aber sehr unterschiedliche Eigenschaften.

FARBMITTEL

Pulvrige Pigmente

Man erhält sie in Fachgeschäften und kann sie sowohl mit einem Medium auf Öl- als auch mit einem auf Wasserbasis vermengen. Zuvor werden sie aber angerührt. Pigmente werden nach ihrer Herkunft eingeteilt: Anorganische Pigmente sind z. B. die natürlichen Erden Okker und Umbra und die künstlichen Mineralpigmente Kadmiumrot und Zinkweiß. Organische Pigmente werden aus pflanzlichen oder tierischen Stoffen hergestellt (z. B. Indigo, Krapplack, Koschenille, Indischgelb) oder synthetisch produziert (z. B. Alizarinkrapplack, Mauvein).

Universelle Abtönfarbe
Damit lassen sich Öl- und Wasserfarben abmischen. Abtönfarbe ist in Fachgeschäften und Bau- sowie Heimwerkermärkten erhältlich.

Künstlerölfarben
Je nach Hersteller und Farbton gibt es bei den Künstlerölfarben recht große Qualitäts- und Preisunterschiede. Es lohnt sich daher, die einzelnen Töne auszuprobieren und zu vergleichen, und es ist gut möglich, daß man vom einen Hersteller die eine und von einem anderen die andere Farbe vorzieht. Im Gegensatz zu Abtönfarben sind sie nur mit Ölfarbe mischbar, darüber hinaus aber auch mit Lasuren und Firnissen auf Ölbasis.

Künstleracrylfarben
Die Acrylfarben können mit Wasser verdünnt werden. Sie trocknen schnell und bilden eine feste, aber flexible wasserdichte Oberfläche. Beim Malen mit diesen Farben sollte man die Pinsel zwischendurch immer in Wasser stellen, um sie vor dem Austrocknen und Verkleben zu schützen. Als Palette nimmt man am besten ein Stück Tafelglas, von dem man später die angetrockneten Farben mit einer Rasierklinge lösen kann. Acrylfarben eignen sich besonders gut für Schablonenmalerei, weil sie schnell trocknen und sich gut zum Übermalen von Farben auf Wasserbasis eignen.

TRADITIONELLE ANSTRICHMITTEL UND -FARBEN

Neben den üblichen Anstrichmitteln und -farben auf Öl- oder Wasserbasis sind einige traditionelle Varianten erwähnenswert, wie Leimfarbe, Kalktünche und transparente Öllasuren.

Leimfarbe
Leimfarbe besteht zum überwiegenden Teil aus Schlämmkreide, die entweder mit Heißleim, Kasein oder einer Emulsion aus Öl und Wasser gebunden wird. Es gibt zwei Arten von Leimfarbe, die beide einen charakteristischen matten, kreidigen Anstrich ergeben.

Lösliche Leimfarbe Diese leimgebundene Variante läßt sich wieder abwaschen. Bis vor etwa 25 Jahren wurde sie in England für den Anstrich von Decken benutzt, wo man ihre kreidige Oberfläche nicht als störend empfand. Der Anstrich haftet auf Wänden, kann aber nicht gereinigt werden und färbt ab, wenn man darüberstreift. Die Erfahrung von Restauratoren, die Farben auf Wasserbasis kaum von Stuckdekor lösen können, um dessen ursprüngliche Form wieder sichtbar zu machen, hat das Interesse an dieser wasserlöslichen Farbe neu belebt. Im Fachgeschäft kann man sich alle Zutaten besorgen, es gibt aber auch fertige Paste zu kaufen. Hersteller traditioneller Farben haben vor kurzem ein Set mit den Zutaten auf den Markt gebracht.

Leimfarbe selbst gemacht
1,4 kg Schlämmkreide in einen Eimer geben und ganz mit Wasser bedecken. Über Nacht stehen lassen, dann überschüssiges Wasser abgießen. Anschließend 0,5 l Heißleim dazugeben, für den 30 g tierischer Leim in 0,5 l heißem Wasser aufgelöst werden. Kräftig verrühren und abkühlen lassen. Die Mischung sollte die Konsistenz von weichem Gelee haben, um gut verstreichbar zu sein. Wenn man Klumpen oder eine Haut entdeckt, sollte man das Gemisch durch ein Tuch oder ein feines Sieb passieren. Der trockene Anstrich ist gebrochen weiß; der Zusatz einer kleinen Menge Blau hellt das Weiß auf. Natürlich kann man mit Pigmenten eine bunte Leimfarbe anmischen; diese sollten jedoch vor dem Leim hinzugegeben werden. Der getrocknete Anstrich sieht viel heller aus als die Anstrichfarbe. (Sehr grobporige Oberflächen sollten vor dem Anstrich mit Leim grundiert werden.)

Unlösliche Leimfarbe Je nach Beschaffenheit können solche Farben gereinigt, gewischt und sogar abgewaschen werden. Sie werden noch von einigen Farbenherstellern produziert, und zwar in zwei Sorten: Zum einen mit einer Öl-in-Wasser-Emulsion (oder Firnis), zum anderen mit Kasein als Bindemittel. Sie sind strapazierfähiger und eignen sich somit gut für den Wandanstrich. Ein weiterer Vorteil ist, daß ein frischer Anstrich direkt auf den alten aufgetragen werden kann, dieser also nicht entfernt werden muß. Die Herstellung dieser Leimfarben ist allerdings komplizierter, so daß man sie am besten fertig kauft.

Kalktünche
Bis vor noch nicht allzulanger Zeit war Kalktünche die universelle Anstrichfarbe für Hauswände, und in einigen Gegenden werden die Häuser immer noch getüncht. Der weich und matt trocknende Anstrich hält in der Regel ein paar Jahre, bis er erneuert werden muß. Die typischen Verwitterungserscheinungen machen einen Teil des besonderen Reizes von Kalktünche aus, der noch erhöht wird, wenn sie erdfarben schattiert ist. Der entscheidende Vorteil von Kalktünche ist, daß sie die Atmungsfähigkeit der Flächen, die sie bedeckt, erhält. Das ist besonders bei alten Häusern ohne Feuchtigkeitsisolierschicht wichtig. Die Zutaten für Kalktünche sind sehr einfach und in einigen Fachgeschäften erhältlich, bei der Zubereitung muß man aber sehr vorsichtig sein, da die flüssige Tünche stark ätzend ist. Wenn man die Tünche selbst anfertigt, empfiehlt es sich, Kalkkitt (gelöschten Kalk) statt Branntkalk (ungelöschten Kalk) zu verwenden. Bei der Arbeit mit Branntkalk muß man auf jeden Fall Schutzbrille, Handschuhe und schützende Kleidung tragen.

Kalktünche selbst gemacht
Man gibt 1 l Kalkkitt (gelöschten Kalk) in einen 10-l-Eimer und fügt eine Tasse Magermilch hinzu. Zu einer weichen Paste verrühren. Mehr Magermilch zugeben, bis die Konsistenz einer dünnflüssigen Creme erreicht ist. Wenn man eine farbige Tünche erhalten möchte, sollten die Pigmente mit ein wenig heißem Wasser separat angerührt werden. Den gutverrührten Pigmentbrei in die cremige Mischung geben, kräftig einrühren und das Ganze durch ein feines Sieb in einen zweiten Eimer umfüllen. Den ersten Eimer ausspülen und alle Klümpchen entfernen. Jetzt sollte die Farbe auf weißem Papier ausprobiert und in trockenem Zustand begutachtet werden. Falls gewünscht, mehr Pigmentbrei zugeben. Dann wird die Mischung weiter ver-

dünnt, bis sie die Konsistenz von Milch hat; anschließend durch das Sieb in den ersten Eimer zurückschütten. Nun ist die Tünche streichfertig.

Um ein ansprechendes Ergebnis zu erzielen, muß die Streichfläche abgebürstet und gut angefeuchtet werden. Die Fläche, die man gerade streichen möchte, kann man mit einem Gartenschlauch mit feiner Düse feucht halten. Nicht bei starker Sonneneinstrahlung streichen und den Trocknungsprozeß nicht künstlich beschleunigen! Mehrere dünne Anstriche sind besser als ein pastoser. Einige Pigmente greift der Kalk an. Erdfarben kann er meist nichts anhaben, aber zur Sicherheit sollte man sich im Fachgeschäft beraten lassen.

Ein strapazierfähiger Außenanstrich mit Tünche läßt sich auf unterschiedliche Weise herstellen. Unsere Anleitung ist darauf abgestellt, daß sie leicht umzusetzen ist und porösem Mauerwerk am wenigsten schadet. Da man Kalktünche immer wieder erneuern muß – nachdem sie mit alkalischer Grundierung entfernt oder überstrichen wurde –, sollte man gut überlegen, ob sich dies auch im Innenbereich durchführen läßt. Ehe man die Technik nicht sicher beherrscht, ist es ratsam, den Anstrich mit Kalktünche von einem Experten ausführen zu lassen.

Kasein

Kasein wird aus Magermilch hergestellt und oft als Bindemittel für Kalktünche und -farbe verwendet. Wenn man dem Kasein ein Laugensalz zusetzt, entwickelt es eine starke Bindekraft. Zur Farbherstellung vermischt man es mit Kalk oder einer anderen Substanz, die seine Klebrigkeit vermindert. Die Textur eines Kaseinfarbanstrichs wirkt sehr natürlich. In reiner Form kauft man es als Pulver, das am besten ganz frisch verarbeitet wird.

Kaseinfarbe selbst gemacht

60 g Kaseinpulver werden nach und nach in 0,33 l Wasser gesiebt. Ständig rühren, damit sich keine Klumpen bilden. In die klumpenlose Lösung 30 g Ammoniumcarbonat (Hirschhornsalz) einrühren. Dreißig Minuten stehen lassen, ehe man nochmals 0,33 l Wasser hinzugibt. Dann kann man einen vorgefertigten Pigmentbrei hinzufügen. Man erhält so eine schnell trocknende, strapazierfähige, wasserabweisende Anstrichfarbe. Pinsel, die gerade nicht in Gebrauch sind, sollten immer ins Wasser gestellt werden; nach der Arbeit müssen alle sorgfältig gereinigt werden.

»Holzkalk«

Man kann Holz kalken, indem man Kalkkitt in das Holz einreibt. Mit einem Holzkalkanstrich erreicht man einen ähnlichen Effekt. Das Holz wird geweißelt, aber die Maserung bleibt sichtbar. Man sollte ihn nur auf stark gemaserten Hölzern wie Eiche verwenden.

Holzkalkanstrich selbst gemacht

Mit einer steifen Drahtbürste bürstet man die Oberfläche längs der Maserung, um weiche Holzteile zu entfernen. Staub und Splitter entfernen. Mit einem weichen Tuch halbmatte helle Farbe (gebrochenes Weiß, Blaßblau oder -grün) auf der Oberfläche verteilen, so daß alle Rillen ausgefüllt werden. Mit einem leicht mit Testbenzin getränkten Tuch die Farbe so abwischen, daß nur Farbe in den Rillen zurückbleibt. Trocknen lassen. Anschließend kann eine schützende Schicht Weißwachs aufgetragen werden. Mit Weißwachs allein läßt sich ein ähnlicher, aber schwächerer Effekt erzielen.

Transparente Öllasur

Transparente farbige Öllasur streicht man über eine Grundierung, so daß die Grundierfarbe durchscheinend bleibt. Dafür bieten sich vor allem Oberflächen an, deren Lasur mit einer Tupf-, Wickel- oder Streichtechnik bearbeitet worden ist. Man kann auch eine Farbe lasierend übermalen, um eine etwas andere Schattierung zu erzielen. Lasur ist kräftiger als Firnis, aber nicht so klar. Der Pinselstrich, der Kamm oder das Tuch, mit dem die Lasur aufgebracht bzw. bearbeitet wird, soll als Gestaltungsmerkmal sichtbar bleiben.

Nach der folgenden Anleitung kann man bei den meisten dekorativen Maltechniken vorgehen. Für Lasurmalerei gibt es allerdings zahlreiche »Rezepte«, und man muß die Mischung immer auf die gewählte Technik abstimmen.

Transparente Öllasur selbst gemacht

Eine Mischung aus 50% transparentem Lasuröl und 50% Testbenzin anrühren. 0,5 l davon reicht gewöhnlich für einen 16 qm großen Raum. Farbe kann in Form von Künstlerölfarbe, Abtönfarbe oder Anstrichfarbe auf Ölbasis hinzugefügt werden. Ein blasser Lasurton wird am besten durch den Zusatz von fertiggemischter Ölfarbe erzielt, auch wenn die Lasur dabei ein wenig an Transparenz verliert. Das richtige Mengenverhältnis von Lasursubstanz und Farbmittel muß durch Farbmuster ermittelt werden, und zwar folgendermaßen: mit wenig Farbe beginnen, Probeanstrich machen (u. U. wieder abwischen), wenn nötig, mehr Farbe zugeben.

Je nachdem, ob man Lasur dick- oder dünnflüssig, mit viel oder wenig Farbe aufträgt, lassen sich verschiedene Effekte erzielen. Erfahrung bekommt man darin nur durch Ausprobieren. Wenn man z. B. die Wischtupftechnik anwendet, lasiert man am besten ein etwa 1 qm großes Teilstück der Fläche und streicht die Lasur, vor allem an den Randbereichen, gleichmäßig aus. Dann wischt und tupft man die Lasurfarbe mit einem sauberen Baumwolltuch ab (immer nur mit trockenen Tuchstellen), bis das Tuch getränkt ist und durch ein neues ersetzt wird. Die übriggebliebene zarte Lasurschicht kann mit einem Schlußfirnis geschützt werden.

Lackwände

Lacke wurden ursprünglich auf der Basis von natürlichem Baumharz aus dem Fernen Osten hergestellt. Da dieses Harz giftig ist und die Lackierarbeit äußerst zeitaufwendig war, wurden nur kleine Gegenstände und Möbelstücke lackiert. Heute verwendet man im allgemeinen den ungiftigen Schellack (aus Insektensekret) und lackiert ganze Wände – vorzugsweise tief purpurrot oder grün –, denen man durch einen Schlußfirnis zusätzlichen Glanz verleiht.

Ausdrucksstärker ist ein Grundanstrich mit einer hellgetönten Farbe auf Ölbasis, über die ein dunklerer Wert derselben Farbe lasiert wird. Überschüssige Lasur wird abgenommen, der Rest mit einem Dachshaarpinsel eingearbeitet, so daß die Oberfläche wie poliert aussieht. Wenn sie getrocknet ist, trägt man einen glänzenden oder halbmatten Schlußfirnis auf.

BEZUGSADRESSEN

(nach Postleitzahlen sortiert)

Annie Sloan hat eine eigene Farbpalette entwickelt. Im deutschsprachigen Raum vertreibt die Farben.

casa arte
Kerstin Büse
Butjadingerstraße 139
26125 Oldenburg
Tel. 0441/37331

Annie Sloan und Kerstin Büse halten Seminare ab, bei denen verschiedene Techniken der Wand- und Möbelgestaltung mit Farben erlernt werden können. Informationen dazu sind bei Kerstin Büse (s. o.) zu erhalten.

Bei folgender Kontaktadresse kann herstellerunabhängiges Informationsmaterial bezogen werden:

AGN
Arbeitsgemeinschaft Naturfarben
Anita Rehm
Geschäftsstelle
Im Asemwald 12/12
70599 Stuttgart
Tel. 0711/727951

Deutschland

Baubiologie Jena
Löbder Graben 24
07743 Jena
Tel. 03641/52722
(Naturfarben und Naturbaustoffe)

FF-Markt GmbH
Farbe & Natur
Zwickauer Straße 30/32
08393 Meerane
Tel. 03764/2320
(Naturfarben verschiedener Hersteller, Mineralfarben, denkmalpflegerische Materialien, Naturfaserbeläge)

Bohne & Weiß
Heubnerstraße 39
08523 Plauen
Tel. 03741/221326
(Naturbaustoffe und Solarbau)

Andiamo
Schillerstraße 70
10627 Berlin
Tel. 030/3126176
(AURO-Naturfarben)

Biofarben
Pariser Straße 51
10719 Berlin
Tel. 030/8832283
(Naturfarben, Erdpigmente, umweltfreundliche Baustoffe)

V.Ö.B.
Langenscheidtstraße 12
10827 Berlin
Tel. 030/7843020
(Vertrieb umweltfreundlicher Baustoffe und Naturfarben, Groß- und Einzelhandel mit Beratung)

Ökohaus und sparWatt
Am neuen Weg 21
21029 Hamburg
Tel. 040/7211251
(KREIDEZEIT-Naturfarben, Farbpigmente, Dämmstoffe, umweltfreundliche Bodenbeläge)

BHB GmbH
Baubiologische Handelsgesellschaft
Eckerkoppel 4
22159 Hamburg
Tel. 040/6455760
(AURO-Naturfarben, Lacke, Dämmstoffe)

Natur Depot
Halstenbeker Straße 47
22457 Hamburg
Tel. 040/5502668
(LIVOS-Naturfarben, Bodenbeläge, Tapeten)

Naturbaustoffe Wismar
Hoher Damm 43
23970 Wismar
Tel. 03842 7/5324
(Naturfarben, umweltfreundliche Baustoffe)

Dritte Haut Laden
Sehestedter Naturfarben
Alter Fährberg 7
24814 Sehestedt
Tel. 04357/1049
(Herstellung und Vertrieb umweltfreundlicher Baumaterialien)

Farbenhaus R. Unruh
Kirchhuchtinger Landstraße 129
28259 Bremen
Tel. 0421/581333
(Naturfarben und Lacke)

Regenbogen Naturfarben
Lindenstraße 23
28755 Bremen
Tel. 0421/666933
(Naturfarben, umweltfreundliche Baustoffe)

Naturbauhaus farbenfroh
Dragonerstraße 23 a
30165 Hannover
Tel. 0511/622321
(AGLAIA-Naturfarben, Fassadenanstriche, Lacke, Wachse, umweltfreundliche Baustoffe)

Umbau GmbH
Eleonorenstraße 19
30449 Hannover
Tel. 0511/457267
(KREIDEZEIT-Naturfarben, Dämmstoffe, biologische Bodenbeläge)

ÖKO Bauen und Wohnen
Herleshäuserstraße 17
34130 Kassel
Tel. 0561/601607
(Naturfarben, umweltfreundliche Baustoffe)

Energie und Umwelt
Linnéstraße 2
38106 Braunschweig
Tel. 0531/332992
(AURO- und KREIDEZEIT-Naturfarben, baubiologische Materialien)

Bauen mit der Natur
Zentrum für ökologisches Bauen
Zechenstraße 54
47443 Moers
Tel. 02841/95290
(Farben, Lacke, Wachse, Dämmstoffe)

Baukraft
»Das Haus-Rath«
Freimersdorfer Weg
50859 Köln
Tel. 0221/9503310
(Naturfarben, Wachse, Lacke, Dämmstoffe)

Glashaus GmbH
Alexanderstraße 69/71
52062 Aachen
Tel. 0241/23227
(Naturfarben, Erd- und Mineralpigmente, Bodenöle)

Bio Bau GmbH
Kölnstraße 136
53111 Bonn
Tel. 0228/693999
(Baumarkt für umweltfreundliche Produkte)

Ökomarkt BPH
Am Sägewerk 23a
55124 Mainz
Tel. 06131/41631
(Naturfarben, umweltfreundliche Materialien)

Transparent-Naturfarben
Groß- und Einzelhandel
Petterweilstraße 34
60385 Frankfurt am Main
Tel. 069/454088
(Naturfarben, Pigmente, Wachse, Holz)

Naturpfad GmbH
Clemensstraße 1
64285 Darmstadt
Tel. 06151/65385
(Naturfarben)

Ökohaus Firnis
Friedrichstraße 36
67433 Neustadt an der Weinstraße
Tel. 063/2130697
(Naturfarben, Wandfarben, Lacke, Öle, Wachse)

RobinKruso
Fachgeschäft für gesundes Wohnen
Verbindungskanal Linkes Ufer 20/24
68159 Mannheim
Tel. 0621/153853
(Naturfarben, Bau- und Dämmstoffe)

Natürlich Wohnen
Haußmannstraße 122a
70188 Stuttgart
Tel. 0711/260227
(Naturfarben)

Haus der Ökologie
Ringstraße 6
70736 Stuttgart-Fellbach
Tel. 0711/5782806
(Naturfarben verschiedener Hersteller)

Biomarkt Keller
Konradstraße 17
79100 Freiburg
Tel. 0761/706313
(Naturfarben)

ZBÖ
Natürliche Raumgestaltung
Gewerbestraße 17
79219 Staufen i. B.
Tel. 07633/95260
(Zentrum für Baubiologie und Ökologie)

Naturbau + Wohnmarkt
Donnersbergerstraße 54
80634 München
Tel. 089/168729
(Naturfarben, Baumarkt für umweltfreundliche Produkte)

Gasteig Naturwaren
Preysingstr. 15
81667 München
Tel. 089/4485286
(Naturfarben, Naturbaumarkt)

Österreich

Bio-Milan
Währingergürtel 79
1188 Wien
Tel. 01/4030871
(AURO-Naturfarben)

Wohnbauladen
Ing. V. Baurecker
Goethestrasse 38
4020 Linz
Tel. 070/602244
(AURO-Naturfarben, umweltfreundliche Materialien)

Jochum Kb
Landstrasse 5
6971 Hard
Tel. 05574/723070
(AURO-Naturfarben)

Schweiz

Planet nature
Rue de Valentin 15
1004 Lausanne
Tel. 021/3116354
(AURO-Naturfarben)

Ökoladen Basel
Theaterpassage
4051 Basel
Tel. 061/2728340
(AURO-Naturfarben)

Oequarius Ökoladen
Innere Tösstalstrasse 12
8400 Winterthur
Tel. 052/2121782
(AURO-Naturfarben)

Kurt Müller
Weideggstrasse 25
9230 Flawel
Tel. 071/3932730
(AURO-Naturfarben)

REGISTER

Kursive Ziffern verweisen auf Bildlegenden.

DANKSAGUNG DER AUTORINNEN

Wir möchten all den Menschen danken, die uns ihr Heim geöffnet haben, darunter Chris Coppack, Belinda Hextall und Vanessa Rhodes. Unser besonderer Dank gilt Lady Davina Gibbs, Barry McNamara, Helena Mercer, Graham Piggot und Andrew Townsend für die Informationen und Kontakte, die sie uns vermittelt haben, sowie allen Teilnehmerinnen und Teilnehmern von Annie Sloans Kursen für ihre Anregungen. Bei vielen Begegnungen sind immer wieder neue Ideen geboren worden. Für ihre Hilfe danken wir Claire Ansell und Kris Grainger, für ihre Geduld Saskia und Kit Smith sowie Hugo, Henry und Thomas (Felix) Manuel.

DANKSAGUNG DES VERLAGS FRANCES LINCOLN

Der Verlag dankt folgenden Personen und Firmen für ihre Unterstützung bei der Herstellung dieses Buches: Sallie Coolidge, Penny David und Matthew Sturgis für redaktionelle Hilfe, Katy Foskew für die ausgezeichnete Büroarbeit, Niki Medlikova für die Mithilfe beim Layout; Patrick Baty und John Sutcliffe für wertvolle Ratschläge; Valerie Bingham und Susanne Haines für redaktionelle Arbeit im Vorfeld; Ian Bristow für die Informationen über Farben in historischen Gebäuden; Carol Dethloff für die Bildbeschaffung; William Gallagher, Verwalter der St. Columb's and the Glebe Galery, County Donegal; Tom Helme für geschichtliche Hilfestellung; Potmolen Paint of Warminister für die Hilfe beim Kapitel »Traditionelle Anstrichmittel und -farben«; Smallbone of Devizes für die Abdruckerlaubnis von Fotos von Peter Sheppards Haus; Stephen L. Wolf für Hilfe und Rat. Wir danken allen, die Aufnahmen in ihrem Haus ermöglichten: Susy Benn, David Hicks, den Besitzern von »Muthaiga«, Adeline Nolan, Merlin Pennink und Annie Sloan.

BILDNACHWEIS

(l = *links*, o = *oben*, r = *rechts*, u = *unten*)

Agence Top/Pascal Chevalier: 48, 115l, 147; Roland Beaufre: 149; Peter Aprahamian 23, 46o
Arcaid/Richard Bryant: 6, 17, 52, 79r, 83r, 88, 94u, 102l, 108, 110, 112, 113r, 115r, 120r, 135ul, 153o, 157u, 160o, 165or; Jeremy Cockayne: 81r; Mark Fiennes: 77r; Lucinda Lambton: 34u, 85, 102r, 120l; Alberto Piovano: 79l
Arc Studios/Sue Atkinson © FLL: 40l, 65r, 90r, 103r, 176–185
Laura Ashley: 159or
Auro Organic Paints (GB) Ltd.: 174
Art Directors Photo Library/Larry Lee: 153ul
Paul Barker: 50, 122–123, 141r
Oliver Benn: 131o, 136l
Boys Syndication/Michael Boys: 26r, 34o, 58r, 116o, 118u
Camera Press: 15r, 124; Peo Eriksson: 13, 64, 95, 113l, 161ol; Bruno Müller 27
Geoff Dann © FLL: 100–101
Michael Dunne © FLL: 164r
Elle Décoration/Transworld: 57l, 83l
John Freeman: 14u
Karl-Erik Granath: 32, 40r, 47r
John Hall: 14o, 25, 91, 118o, 129
Lars Hallen: 45, 67, 80, 86r, 114o, 157ol, 158r
Lizzie Himmel: 35, 63l, 70r, 72, 109u, 139r
Ian Howes © FLL: 12l, 33l, 51r, 78r, 99or, 136r, 153ur, 167ul
Jacqui Hurst © FLL: 20–21
Ken Kirkwood: 96, 105l
Andrew Lawson: 42–43
Barbara Lloyd: 77l, 152l, 169l
Norman McGrath: 82or
John Miller: 55u
Derry Moore: 1, 16r, 24, 28, 39l, 71, 76, 167ol
James Mortimer: 36, 37l, 66; mit frdl. Genehm. von Smallbone: 31, 33r, 138, 139l, 141l
David Murray © FLL: 61l, 65l, 105r, 116u, 132l, 135o
Jean-Bernard Naudin: 22
Hugh Palmer: 117
Julie Phipps: 57r
Ianthe Ruthven: 2, 15l, 39r, 41, 46u, 49, 54u, 55o, 63r, 73ol, 84, 87, 93r, 103l, 114u, 119, 128o, 150, 154r, 159ur, 165u; © FLL: 12r, 18, 38, 53, 61r, 70l, 81l, 98, 99ul, 106, 107l, 109o, 170ur
Paul Ryan/J. B. Visual Press: 94o, 126, 137, 145o, 152r
Fritz von der Schulenburg: 54o, 58l, 59, 62, 68, 69, 73u, 82ol, 82u, 86l, 89l, 90l, 92, 97, 99ol, 107r, 111l, 121, 130, 131u, 132, 134, 135ur, 140, 143, 144u, 145ul, 146, 148, 157or
Marc Stanes: 51l
Jay Whitcombe: 104
Elizabeth Whiting & Associates/Tim Street-Porter: 10, 11, 16l, 56r, 74–75, 78l, 168; Peter Wolosynski: 125o, 145ur
The World of Interiors/Tim Beddow: 30o; Nadia MacKenzie: 133
World Press Network Ltd./IPC Magazines: 26l, 29, 30u, 37r, 44l, 60, 93l, 111r, 125u, 127, 128u, 142r

Für die Erlaubnis zum Abdruck der Zeichnungen, Gemälde und Fotografien in diesem Buch dankt der Verlag:

Bibliothèque Forney, Paris: 160u
Bracken Books, London: 47l, 162ol, 167r
Britisches Museum, London (Mit frdl. Genehm. der Verwaltung): 44o, 56l, 155ul, 155r
Design Museum, London: 170l
Fine Art Photographs and Library Ltd.: 163
Laing Art Gallery, Newcastle-upon-Tyne (Mit frdl. Genehm. des Tyne and Wear Museums Service): 166o
Mary Evans Picture Library: 159l
Musée d'Art et d'Histoire, Genf: 144o
National Gallery, London (Mit frdl. Genehm. der Verwaltung): 154l, 155o
Royal Academy of Arts, London: 158l
Sir John Soane's Museum, London (Mit frdl. Genehm. der Verwaltung): 161ul
Tate Gallery, London: 142l
Victoria & Albert Museum, London (Mit frdl. Genehm. des Kuratoriums): 89r, 156r, 161r, 162r, 164l, 165ol, 166u, 169or, 170or
Wallace Collection, London (Abdruck mit frdl. Genehm. der Verwaltung): 156l
Yale University Art and Architecture Library/Birren Collection of Books on Color: 19, 151, 171